Fatemeh Ghanavati Nasab

Ondas de investigação sobre (im)polidez

Fatemeh Ghanavati Nasab

Ondas de investigação sobre (im)polidez

Uma panorâmica teórica e empírica

ScienciaScripts

Imprint
Any brand names and product names mentioned in this book are subject to trademark, brand or patent protection and are trademarks or registered trademarks of their respective holders. The use of brand names, product names, common names, trade names, product descriptions etc. even without a particular marking in this work is in no way to be construed to mean that such names may be regarded as unrestricted in respect of trademark and brand protection legislation and could thus be used by anyone.

Cover image: www.ingimage.com

This book is a translation from the original published under ISBN 978-620-7-64787-3.

Publisher:
Sciencia Scripts
is a trademark of
Dodo Books Indian Ocean Ltd. and OmniScriptum S.R.L publishing group

120 High Road, East Finchley, London, N2 9ED, United Kingdom
Str. Armeneasca 28/1, office 1, Chisinau MD-2012, Republic of Moldova, Europe
Printed at: see last page
ISBN: 978-620-7-68113-6

VAGAS DE INVESTIGAÇÃO SOBRE (IM)POLIDEZ
UMA PANORÂMICA TEÓRICA E EMPÍRICA

INVESTIGADOR FATEMEH GHANAVATI NASAB

ÍNDICE DE CONTEÚDOS

RESUMO

Este estudo apresenta uma panorâmica da investigação teórica, concetual e empírica relacionada com o conceito de (im)polidez. Em primeiro lugar, são introduzidas as vagas de investigação sobre polidez. Em segundo lugar, é apresentada uma análise crítica das abordagens tradicionais. Em terceiro lugar, são discutidas as teorias da indelicadeza, com destaque para as limitações do modelo de Culpeper. Na parte seguinte, é estabelecida a relação entre a falta de educação e a moralidade. Por fim, são explicados em pormenor os conceitos de moralidade, ordem moral e a Teoria dos Fundamentos Morais (TFM). Os diferentes valores morais surgem quando as pessoas pertencem a diferentes redes sociais, têm valores diferentes e representam diferentes códigos de conduta (Parvaresh & Tayebi, 2018). Por conseguinte, os valores morais concorrentes dão origem a conflitos (Bergmann, 1998). Este conflito pode levar os indivíduos a recorrerem a uma linguagem agressiva ou indelicada para responder ao que violou as suas percepções de certo e errado. Quando o conflito surge, a natureza moralmente carregada da ordem moral faz com que a moralidade faça parte de todas as interacções (Bergmann, 1998). Como referem Kádár et al. (2019), "há conflitos que desencadeiam fortes reações morais ... As violações da ordem moral interacional, que são percecionadas negativamente (por exemplo, causando danos aos outros), podem desencadear conflitos e avaliações morais subsequentes" (p.10). Assim, o estudo da ordem moral é uma tentativa válida de examinar como ordens morais concorrentes podem levar à agressão e à falta de educação.

CAPÍTULO UM
INTRODUÇÃO

1.1. Visão geral

Sugere-se que o estudo da (im)educação se baseie nos julgamentos avaliativos das pessoas sobre um comportamento específico. Isso gera um quadro normativo de referência para julgar as pessoas como educadas ou indelicadas com base em nossas expectativas do que é certo ou errado em um contexto específico (Kádár & Haugh, 2013). Cialdini (2012) divide as normas em descritivas e injuntivas. Enquanto as primeiras implicam o que é considerado normal, as segundas têm em conta o que os membros de um determinado grupo social aprovam ou desaprovam. As normas injuntivas dão origem à ordem moral e formam um quadro de referência para que um comportamento seja julgado como educado ou indelicado. A ordem moral coloca os participantes na posição de "insiders" ou "outsiders" com base na sua pertença ou não a um grupo específico com um conjunto definido de ordens morais. Isto, por sua vez, forma as percepções de cortesia e indelicadeza entre os membros do grupo e ajuda a compreender o estatuto percebido dos participantes dentro da ordem moral.

Shweder e Haidt (2000) afirmam que os julgamentos morais estão ancorados em valores de grupo localizados, em vez de implicarem uma "preparação inata para sentir lampejos de aprovação ou desaprovação em relação a certos padrões de eventos que envolvem outros seres humanos" (citado em Smith, Alford, Hibbing, Martin, & Hatemi, 2016). A Teoria dos Fundamentos Morais adopta uma posição funcional relativamente à questão da moralidade e define os sistemas morais como "conjuntos interligados de valores, práticas, instituições e mecanismos evoluídos" (Haidt 2008, 70). Os julgamentos avaliativos intuitivos fazem com que as pessoas expressem aprovação ou desaprovação moral guiadas por emoções (Haidt & Joseph, 2004).

A abordagem discursiva examina a forma como o discurso informa o que os interlocutores são susceptíveis de proferir e como o poder exerce influência na forma como os indivíduos encaram as suas relações com os outros. Adopta uma abordagem local e baseada no contexto, preocupando-se com a potencialidade dos enunciados para serem interpretados como educados ou indelicados. Por conseguinte, esta abordagem parece ser a mais adequada para analisar a forma como a indelicadeza é adoptada no discurso natural.

Por outro lado, os sítios de redes sociais e as comunidades em linha proporcionam espaços sociais para os seus utilizadores se apresentarem, partilharem conteúdos e participarem em interacções sociais. Estes espaços sociais dão aos seus utilizadores uma capacidade sem precedentes de experimentar a vida social em linha, socializando com pessoas que partilham interesses comuns (Serafinelli, 2018). Por conseguinte, presume-se que existe um conjunto de valores e expectativas partilhados que motivam as pessoas a expressarem-se através de comentários agressivos nos espaços em linha.

Por outro lado, propõe-se que:

"É através da conversa que conduzimos os assuntos ordinários, e talvez extraordinários, das nossas vidas. Quando as pessoas falam umas com as outras, não estão apenas a comunicar pensamentos, informações ou conhecimentos. As nossas relações uns com os outros, e o nosso sentido de quem somos uns para os outros, são gerados, manifestados, mantidos e geridos nas e através das nossas conversas" (Bhatia, Flowerdew & Jones, 2008, p. 22). É através das trocas conversacionais que as pessoas estabelecem relações e negoceiam ou reproduzem as suas identidades. Estas trocas interaccionais permitem aos interlocutores censurar, criticar, discordar e argumentar com os outros. Além disso, estas formas primárias de ação social são consideradas "tão reais, concretas, consequentes e fundamentais como qualquer outra forma de conduta" (Bhatia, Flowerdew & Jones, 2008, p. 23). Por conseguinte, o estudo de um fio de conversa num discurso contínuo é o estudo das acções através das quais a vida social é construída discursivamente. No entanto, numa perspetiva crítica, a conversa constitui apenas um fragmento da nossa vida social e deve ser investigada no contexto social e ideológico mais amplo (Reynolds & Wetherell, 2003; Ladegaard, 2011).
Qualquer grupo social depende muito dos juízos de moralidade para funcionar eficazmente. As interacções justas e eficazes entre os membros do grupo baseiam-se na deteção de casos de infração e na sua sinalização para infligir o castigo adequado (Boyd & Richerson, 1992; DeScioli & Kurzban, 2009; Tooby & Cosmides, 2010; Chudek & Henrich, 2011). Além disso, os membros de um grupo social são muito hábeis em emitir juízos morais e punições subsequentes (Henrich et al., 2006; Boyd et al., 2010). Enquanto vários filósofos e psicólogos se debruçaram sobre as implicações da moralidade para o comportamento social (Aristóteles, 1999/330 a.C.; James, 1890/1950; Freud, 1923/1960), estudos mais recentes colocaram a tónica no papel das emoções na modificação dos padrões de comportamento moral (Eisenberg, 2000) e na integração da moralidade na dinâmica da interação quotidiana (Skitka et al., 2005; Wright et al., 2008), 2008).Aprofundar a natureza dos juízos morais no mundo atual requer a análise de uma série de factores diferentes (Guglielmo, 2015), tais como a noção de culpa (Shaver, 1985; Alicke, 2000; Cushman, 2008; Guglielmo et al., 2009), responsabilidade (Schlenker et al, 1994; Weiner, 1995) e, por fim, o mal ou a permissibilidade ou as distinções entre o bem e o mal (Osgood et al., 1957; Barrett, 2006). Prinz (2007) considera que a moralidade é um sistema de regras que reúne os membros de um grupo social para agirem coletivamente de forma produtiva. Estes conjuntos de valores motivam os membros de uma comunidade a cooperar e a evitar causar danos aos outros. Joyce (2006) assume que a "moralização" (p. 208) das vidas dos membros individuais tem uma parte na realização dos interesses a longo prazo da sociedade e justifica os gostos e desgostos dos indivíduos que estão envolvidos num quadro partilhado de tomada de decisões. Sinclair (2012) considera os julgamentos morais uma coordenação interpessoal. Segundo ele, os julgamentos morais reúnem grupos de indivíduos que interagem para um benefício mútuo e padrões compartilhados de emoção e ação. Smyth (2017) acredita que, embora a moralidade sirva para moderar as tensões sociais, apoiar o bem-estar dos membros individuais de uma sociedade e reduzir os conflitos interpessoais, ela também pode servir para inflamá-los. Este enfoque nas funções é benéfico na medida em que vai além das mentes individuais e tem em

conta o papel da interação entre pessoas com instituições culturais e históricas partilhadas (Graham et al. 2011). Os juízos morais abrangem uma vasta gama de acções. Estas foram amplamente categorizadas em acções prejudiciais que provocam dor física (Cushman, 2008) e acções impuras que dão a impressão de não serem naturais e provocam reacções de repulsa (Rottman, Kelemen, Young, 2014; Inbar, Pizarro, Knobe, Bloom, 2009). Dungan, Chakroff, e Young (2017) assumem que os juízos morais são o resultado de uma interface entre o conteúdo de uma ação e o seu contexto relacionado. Afirmam ainda que os julgamentos morais relativos a violações de danos são mais dependentes de características contextuais, como as intenções do violador, enquanto os julgamentos morais relativos a violações impuras dependem da presença de uma ação ou resultado indesejável. Além disso, afirma-se que a intencionalidade ou não intencionalidade, entre outras características contextuais, influencia as reacções emocionais de repulsa como reação às violações da pureza (Russell, Giner-Sorolla, 2011).

A ligação entre os valores e a agressão, entre outros comportamentos sociais, tem sido reconhecida em muitos estudos (ver, por exemplo, Roccas & Sagiv, 2010). No entanto, o domínio moral não é apenas um subconjunto de valores e vai muito além da empatia e da justiça (Graham et al. 2011). Os juízos morais podem manifestar-se na agressão linguística e, embora vários fatores psicológicos possam dar origem ao fenómeno, o papel dos valores morais de cada um não pode ser negado (Haidt, 2012; Kádár, 2017). Este estudo tira partido do conceito de moralidade proposto por Haidt & Kesebir (2010) para dar sentido à natureza dos comentários indelicados e agressivos transmitidos nas plataformas das redes sociais. A indelicadeza é de natureza reacionária e é realizada com algum tipo de provocação ou motivação. Não se trata de um enunciado descontextualizado, separado da situação que o gerou em primeiro lugar. Por conseguinte, o estudo da indelicadeza é o estudo de um discurso dinâmico que não pode ser separado de uma compreensão aprofundada da motivação do orador e do contexto moral em que ocorre um ato de indelicadeza. A linguagem é considerada uma parte da moralidade humana, uma vez que torna os "deveres" e os "não deveres" mais explícitos num quadro de normas morais (Saucier, 2018). Atualmente, acredita-se que a comunicação linguística não se limita às interacções face a face, mas também às redes sociais. O Instagram, entre outras formas de redes sociais, tornou-se um modo de interação generalizado que permite a pessoas de várias origens expressar os seus sentimentos, atitudes, experiências e valores. O espaço digital é onde o conteúdo moralizado é formado e transmitido (Brady et al. 2020). Por outras palavras, as plataformas das redes sociais permitem que os indivíduos expressem o seu ponto de vista em relação às questões morais. Por conseguinte, familiarizar-se com a linguagem online é essencial para uma interação eficaz, tanto na primeira como na segunda língua. Por conseguinte, um estudo sobre a forma como o discurso relacionado com a falta de cortesia é gerado através de juízos sobre o que é considerado moralmente errado pode ser feito através da realização de uma análise qualitativa de uma série de discursos relacionados com a falta de cortesia baseados em situações. Os dados podem ser recolhidos através de conversas naturais ou de publicações e comentários no Instagram.

1.2. Declaração do problema

Em comparação com os estudos empíricos sobre a polidez, os estudos sobre a indelicadeza têm merecido uma atenção marginal, especialmente em situações da vida quotidiana (Abdul Halim, 2015). Como Locher (2005) afirma, enquanto a maioria dos estudos se concentrou no modelo de Brown e Levinson (1987), relativamente poucos estudos se concentraram na dinâmica dos modelos mais recentes.

Além disso, a interação em todas as línguas implica a utilização de uma linguagem educada e agradável, bem como de uma linguagem indelicada e agressiva no contexto certo. Além disso, a (im)polidez, enquanto ramo da pragmática (Culpeper, 1998), contribui para a manutenção de relações sociais harmoniosas. No entanto, poucos estudos exploraram os pontos de vista dos professores e dos aprendentes de EFL relativamente à questão da falta de educação em contextos pedagógicos. Mugford (2008) salienta que o ensino da língua inglesa se tem centrado exclusivamente no lado agradável da interação e quase não tem tido em conta a indelicadeza como realidade comunicativa. No entanto, para dominar uma língua, é preciso ser capaz de comunicar tanto em situações educadas como indelicadas. Mugford (2008) afirma ainda que os aprendentes de línguas devem ser capazes de reconhecer a dinâmica da interação social e ter o direito de transmitir indelicadeza. Por conseguinte, os professores de EFL devem ajudar os aprendentes a reconhecer práticas potencialmente indelicadas e a interagir em situações sociais agradáveis, desagradáveis e até abusivas, de modo a não serem dominados pelos utilizadores da língua-alvo (Mugford, 2008).

1.3. Importância do estudo

A comunicação na vida real implica a utilização adequada da língua em situações de cortesia e de falta de cortesia. Por conseguinte, o ensino de uma língua segunda deve permitir que os aprendentes de uma língua segunda desenvolvam o tipo de competência pragmática necessária para comunicar em diferentes contextos, tal como acontece em situações da vida real. No entanto, apesar da importância da indelicadeza como parte de uma interação autêntica, esta continua a ser uma área de investigação pouco estudada no domínio da pedagogia de segunda língua. No domínio da pragmática linguística, tanto a indelicadeza como a ordem moral têm atraído a atenção (Culpeper, 2011; Terkourafi, 2011). Para além disso, um número considerável de quadros pragmáticos funciona com um sentido implícito do conceito de moralidade. No entanto, apesar da importância do conceito de moralidade, só na década de 2010 é que a noção de ordem moral passou a fazer parte da investigação dominante no domínio da pragmática (Kádár & Haugh, 2013; Haugh 2015; Spencer-Oatey & Kádár, 2016; Kádár, 2017). Por conseguinte, vale a pena investigar a relação entre as noções de ordem moral e de indelicadeza.

1.4. Definições e explicações dos termos-chave

Nesta secção, os termos-chave que serão frequentemente utilizados no estudo são definidos operacionalmente: Discurso. Foucault (1972) considera o discurso como "um sistema de práticas reguladas que dão conta de um certo número de enunciados" (p.80). Este ponto de vista implica que os teóricos do discurso dêem um passo em direção à análise de regras não ditas para examinar a adequação dos enunciados. O enfoque no discurso leva a considerar "a variabilidade da função e do significado dos elementos em função do contexto" e "a forma como o discurso estrutura a possível gama de expressões disponíveis para os interactantes individuais" (Mills, 2011, p. 27).

Momentos avaliativos. Kádár (2017) define momentos avaliativos como "as avaliações dos interactantes (ou de outros participantes) sobre o comportamento interacional ... é um fenómeno interpessoal interacional fundamental, devido ao facto de ajudar as pessoas a construir e manter relações interpessoais ... reflete a ordem moral percebida pelos participantes de um contexto/evento interacional, ou seja, as suas perceções de 'como as coisas devem ser' numa determinada situação. Assim, a análise da cortesia revela informações sobre os valores mais amplos do grupo, sociais e culturais que estão subjacentes ao comportamento interaccional produtivo e avaliativo dos indivíduos" (p. 1). Indelicadeza. Locher e Bousfield (2008) definem a indelicadeza como um comportamento que é agravante para a face num determinado contexto. Com base nos princípios da teoria discursiva, a polidez e a falta de educação são co-construídas e alcançadas em conjunto. A indelicadeza implica uma ameaça intencional e uma ameaça facial percebida entre os interlocutores e, por isso, há uma mudança de foco para o papel dos julgamentos baseados em intenções hipotéticas (Bousfield, 2007). A viragem discursiva defende que os fenómenos de polidez e indelicadeza são juízos linguísticos baseados no exame de longos períodos de interação e não na análise de frases e sentenças isoladas. Por conseguinte, esta abordagem elimina os pressupostos de que a polidez é inerente às palavras e preocupa-se com questões de contexto. Conflito. Parvaresh e Kádár (2019, p. 1) desenvolvem o conceito: Como resultado de pertencer a diferentes redes sociais, as pessoas podem representar valores morais (de ordem) diferentes, até mesmo concorrentes. Na realidade, esses valores morais concorrentes podem levar a vários tipos de conflito, uma vez que diferentes grupos de pessoas tendem a representar "diferentes valores e códigos de conduta" (Parvaresh & Tayebi 2018, 92). "Além disso, o conflito pode levar os indivíduos a envolverem-se num discurso indelicado ou agressivo para reagir contra violações (percebidas) do bem e do direito (Parvaresh & Kádár, 2019). Julgamento moral - Kádár (2017, p. 30) define o conceito de julgamento moral da seguinte forma: "Essencialmente, o julgamento moral refere-se à avaliação moral de um ato em curso através de (um conjunto de) valores que são importantes dentro de uma determinada cultura (Schwartz, 2007) de uma forma intuitiva (Haidt, 2012). Um rito de agressão moral pode seguir-se a um julgamento moral; tais acções são moralmente carregadas não só porque são precedidas por um julgamento moral, mas também porque os outros tendem a percebê-las (julgando moralmente a ação social do julgamento moral) através de lentes morais". Moralidade. Haidt e Kesebir (2010) definem a moralidade como "um sistema que regula a vida social através de processos psicológicos como valores, virtudes, normas e práticas" (citado em Spencer- Oatey & Kádár, 2016, p. 74). "A moralidade é construída interactivamente e diferentes mundos morais são invocados no processo, especialmente em arenas comunicativas onde as esferas pública e privada se misturam" (Márquez-Reiter & Haugh 2018, p. 3). Nesse sentido, a moralidade é investigada com base numa escala de cinco universais: ingroup/lealdade, autoridade/respeito, dano/cuidado, justiça/reciprocidade e pureza/santidade (Haidt & Kesebir, 2010).

• No grupo/lealdade: Preocupações relacionadas com as obrigações de membro do grupo, como a lealdade, o auto-sacrifício e a vigilância contra a traição.

• Autoridade/respeito: Preocupações relacionadas com a ordem social e as obrigações das relações hierárquicas, como a obediência, o respeito e o cumprimento de deveres baseados em papéis.

• Prejudicar/cuidar: Preocupação com o sofrimento dos outros, incluindo as virtudes do cuidado e da compaixão.

• Equidade/reciprocidade: Preocupações com o tratamento injusto, a batota e noções mais abstractas de justiça e direitos.

• Pureza/santidade: Preocupações com o contágio físico e espiritual, incluindo as virtudes da castidade, da integridade e do controlo dos desejos.

(Haidt & Kesebir, 2010, citado em Spencer-Oatey & Kádár, 2016, p. 82)

1.5. Delimitações

O Instagram, enquanto rede social, pode servir de meio de recolha de dados porque permite ao investigador ter acesso a um número abundante de publicações e comentários que avaliam uma série de actos transgressivos numa sociedade.

Os questionários examinam, na melhor das hipóteses, um contexto situacional e não captam a complexidade potencial relativa às percepções e atitudes. Ou seja, os inquiridos podem adotar atitudes diferentes quando participam numa troca de palavras real (Ryan, Giles & Hewstone, 1988). Por conseguinte, a conceção experimental não tem prioridade a favor da linguagem autêntica, que nos fornece dados baseados no que as pessoas fazem/dizem em situações da vida real e não no que pensam que fariam/dizem. Isto significa que, embora os dados experimentais forneçam aos investigadores metadados relevantes dos inquiridos, como o nível de escolaridade e a idade, não nos podem fornecer mais do que medidas de autoavaliação do conceito sob investigação.

CAPÍTULO DOIS
REVISÃO DA LITERATURA RELACIONADA

2.1. Ondas de investigação sobre a polidez

De acordo com Grainger (2011), a pesquisa sobre polidez tem sido identificada com o modelo Griceano, com as abordagens discursivas e com as abordagens sociológicas/interacionais, que ocupam uma posição intermediária entre os modelos Griceano e discursivo. O modelo Griceano apresenta a primeira vaga de investigação da polidez adoptada e mais tarde associada à polidez de segunda ordem por Lakoff (1973), Leech (1983) e Brown e Levinson (1987).

2.2. Uma revisão crítica das teorias tradicionais

2.2.1. Máximas de Grice

Grice (1975) propôs a ideia de implicatura para diferenciar o que os oradores dizem e o que querem dizer. Estes 'Princípios Cooperativos' baseiam-se em quatro máximas e várias submáximas, como se apresenta de seguida (p. 45-46).

1. Quantidade

a) A sua contribuição deve ser tão informativa quanto necessário (para efeitos do intercâmbio).

b) Não torne a sua contribuição mais informativa do que o necessário.

2. Qualidade

a) Não digas o que acreditas ser falso.

b) Não digas aquilo para o qual não tens provas suficientes.

3. Relação

a) Seja relevante: diga apenas o que é relevante para o intercâmbio atual

4. Maneira

b) Evitar a obscuridade da expressão.

c) Evitar a ambiguidade.

d) Ser breve (evitar prolixidade desnecessária).

e) Ser ordeiro.

Grice sugeriu que esse quadro é necessário se os falantes estiverem a ser cooperativos. No entanto, Grice estava ciente do facto de que há situações em que estas máximas não são observadas por todos os falantes e, no entanto, isso não implica que não sejam cooperantes. Assim, há situações em que os falantes não cumprem uma ou duas das máximas acima referidas, porque querem levar o ouvinte a inferir um significado pretendido que não é explicitamente mencionado (Thomas, 1995).

Os princípios cooperativos de Grice têm sido criticados com base no facto de a linguagem quotidiana não se enquadrar necessariamente neste quadro. Argumenta-se que os princípios da conversação não tomam em consideração o aspeto expressivo da utilização da língua. Em vez de descreverem o discurso quotidiano, prescrevem regras para o que deve acontecer em encontros de negócios (Sifianou, 1992). O rótulo 'cooperativo' também tem sido criticado, uma vez que comportamentos quotidianos como mentir e argumentar também seriam considerados de acordo com algumas interpretações do modelo (Fukushima, 2002).

Independentemente das deficiências, o princípio de cooperação de Grice continua a ser útil, uma vez que é difícil pôr em causa o pressuposto do comportamento cooperativo (Brown & Levinson, 1987). Além disso, a máxima da polidez contribuiu para a investigação no domínio da polidez. Assim, académicos como Lakoff, Leech, Brown e Levinson têm demonstrado um grande interesse pelo tema da "polidez" (ver Sifianou, 1992).

Assume-se que a máxima da polidez é uma parte inerente de qualquer conversa racional. Assim, a máxima da cortesia é outra máxima conversacional adicional no âmbito do Princípio Cooperativo mais alargado para ter em conta conversas racionais entre partes potencialmente agressivas (Pfister, 2010).

2.2.2. A abordagem de Lakoff

Lakoff (1973) baseia-se nos Princípios Conversacionais de Grice para discutir o conceito de polidez no que respeita às regras pragmáticas. Ele sugere que há duas regras básicas de competência pragmática:

1) ser claro e 2) ser educado.

Lackoff (1973) propõe que estas regras não são igualmente importantes porque, no caso de a polidez e a clareza entrarem em conflito, as pessoas preferem ser educadas. Além disso, a autora desenvolve a segunda regra pragmática (ser educado) de modo a incluir uma série de subcategorias:

1) Não impor
2) Dar opções
3) Ser amigável

A primeira regra diz respeito à formalidade e à distância. No entanto, esta regra também sugere que se mantenha distante e não se intrometa nos assuntos dos outros. A segunda está relacionada com situações em que é dada ao destinatário uma escolha em relação à forma de reagir perante o locutor. A terceira está relacionada com as estratégias utilizadas pelos falantes para fazer com que o outro interlocutor se sinta bem. Por exemplo, proporcionar uma sensação de igualdade entre o locutor e o seu destinatário, mesmo que o locutor seja melhor do que o seu destinatário, para que este se sinta bem (Lakoff, 1973). Mais tarde, Lakoff (1975) reformulou as regras como:

1) Formalidade: manter-se distante.
2) Deferência: dar opções.
3) Camaradagem: mostrar simpatia.

Estas regras têm sido criticadas pelo facto de a autora não explicar como é feita essa escolha (Yeung, 1997). Além disso, tem-se assumido uma universalidade relativamente a estas regras

(Sifianou, 1992). A afirmação de Lakoff sobre a universalidade destas regras baseia-se no pressuposto de que a única coisa que difere entre culturas é a precedência destas regras (Sifianou, 1992). Sifianou (1992), no entanto, salienta que as diferentes interpretações da polidez em cada enunciado são completamente ignoradas.

2.2.3. A abordagem de Leech à polidez

Leech (1983) baseia-se nos princípios de Grice e adopta uma abordagem retórica para explicar os fenómenos de polidez. Esta abordagem centra-se na "utilização eficaz da linguagem no seu sentido mais geral, aplicando-a principalmente à conversação quotidiana e apenas secundariamente a utilizações mais preparadas e públicas da linguagem" (p. 15). Propõe dois sistemas principais de retórica: textual e interpessoal. O primeiro sistema envolve o Princípio da Processibilidade, o Princípio da Clareza, o Princípio da Economia e o Princípio da Expressividade. O segundo sistema inclui o Princípio da Cooperação com as suas quatro máximas (qualidade, quantidade, relação e modo), o Princípio da Polidez, que consiste num conjunto de máximas: tato, generosidade, aprovação, modéstia, concordância e simpatia e o Princípio da Ironia.

Leech afirma que o seu Princípio de Polidez complementa os princípios de Grice e salienta ainda que as máximas de polidez propostas não são igualmente significativas. Por exemplo, a máxima do tato é colocada acima da máxima da generosidade na hierarquia da polidez. Leech define cada máxima com duas submáximas. Por exemplo,

A máxima do tato consiste em

(a) minimizar os custos para os outros, e

(b) maximizar os benefícios para os outros.

a máxima da generosidade inclui:

(a) minimizar os benefícios para si próprio e

(b) maximizar o custo para si próprio e assim por diante.

Leech (1983) também argumenta que, devido às diferenças interculturais, as diferentes culturas não atribuem o mesmo valor a estas máximas. Por exemplo, as culturas orientais tendem a dar mais prioridade à máxima da modéstia do que as culturas ocidentais (Leech, 1983). Leech sugere ainda que, com base em factores como a autoridade relativa e a distância social, o orador usa mais indirectas e dá mais opções ao destinatário. Leech está a insinuar que mais indirectas geram mais polidez. No entanto, esta afirmação é refutada porque, em ocasiões especiais, a indirectidade pode ser utilizada para fins neutros ou indelicados (Sifianou, 1992).

Leech (1983) faz uma distinção entre polidez absoluta e relativa. A polidez absoluta coloca as ilocuções em cada um dos extremos de uma escala. Assim, as "ordens" são consideradas inerentemente indelicadas e colocadas num dos lados da escala e as "ofertas" são inerentemente educadas e colocadas no outro extremo. Por conseguinte, define polidez negativa como "minimizar a falta de educação das ilocuções indelicadas, enquanto a polidez positiva consiste em maximizar a polidez das ilocuções educadas" (Leech, 1983, p. 83-4). Em alternativa, a polidez relativa examina as normas de comportamento em culturas, comunidades linguísticas e classes sociais específicas.

Sifianou (1992) argumenta contra a ideia de polidez absoluta e questiona se as "ordens" podem ser consideradas inerentemente indelicadas, mesmo em contextos militares ou educacionais. Na mesma linha, Locher e Watts (2005) e Mills (2011) rejeitam a própria ideia de que a polidez e a indelicadeza são inerentes aos enunciados, sem tomar em consideração a função dos enunciados em situações específicas. Mills (2003), por exemplo, defende que mesmo as ameaças e os insultos podem assinalar a camaradagem entre amigos próximos.

Mais tarde, Leech (2007) desenvolveu as suas máximas de cortesia. De acordo com a sua "Grande Estratégia de Polidez", a polidez implica o significado implícito ou expresso de um orador que atribui um valor elevado ao destinatário e um valor baixo a si próprio enquanto orador. De acordo com Leech (2007), os oradores evitam a ofensa seguindo a sua própria agenda sem se preocuparem com os sentimentos dos outros. Assim, Leech considera que a polidez serve principalmente para evitar causar ofensa e que as pessoas utilizam a polidez para a atenuar.

No entanto, a teorização de Leech sobre a polidez não esclarece se uma frase como "Pode ajudar-me?" pode ser considerada um pedido mais educado do que "Ajude-me" ou "Poderia ajudar-me?" e se isso tem alguma coisa a ver com as escolhas abertas ao ouvinte. Além disso, fica por responder se o facto de haver mais opções implica necessariamente um pedido mais educado.

De acordo com Escandell-Vidal (1996), expressões como "Can you help me" e "Help me" são convencionalmente educadas em inglês, mas não na Polónia e na Rússia. Do mesmo modo, Wierzbicka (2003) argumenta contra a uniformidade e a universalidade das máximas de Leech. Embora Leech (2007) rejeite as afirmações sobre a universalidade do seu modelo de polidez, ele assume uma base pragmática comum para o comportamento polido em diferentes sociedades. Além disso, a afirmação de que a polidez e a indelicadeza são inerentes aos próprios enunciados pode ser posta em causa pela preocupação com o uso sarcástico e irónico dos enunciados. Por exemplo, o pedido "Pode ajudar-me?" é julgado negativamente se for utilizado de forma irónica.

2.2.4. A teoria da polidez de Brown e Levinson

A teoria de Brown e Levinson (1987) baseia-se na ideia de uma "Pessoa-Modelo" (PM), que é um falante fluente e intencional de uma língua natural, sendo a racionalidade e a face as suas duas principais características. A racionalidade refere-se à "disponibilidade da nossa PM de um modo precisamente definível de raciocinar a partir de fins para os meios que permitirão atingir esses fins" e o conceito de face denota que "a nossa PM está dotada de dois desejos particulares - grosso modo, o desejo de não ser impedida e o desejo de ser aprovada em certos aspectos" (p. 58).

Pan (2011), no entanto, argumenta contra a ideia de uma "Pessoa Modelo". Segundo ele, nesse modelo, o grau de polidez é assumido como dependente do exame das formas de polidez em relação a uma situação ou cultura específica e a "Pessoa Modelo" é apresentada com uma "partilha" dos valores e normas que formam o comportamento apropriado entre todos os falantes e ouvintes. Mills (2003) argumenta contra o pressuposto de uma pessoa autónoma que escolhe determinados itens e estratégias linguísticas. Além disso, desafia a universalidade de uma "Pessoa Modelo" que permite fazer generalizações dentro ou entre culturas. Defende que esta homogeneidade não explica a complexidade dos fenómenos de polidez numa classe e muito menos numa cultura. Além disso, neste modelo, presume-se que os interlocutores utilizam a linguagem apenas como um meio para atingir objectivos a curto e a longo prazo, o que não é o caso, mesmo nas culturas ocidentais. De acordo com Brown e Levinson (1978), alguns actos são inerentemente "ameaçadores da face". Isto é, impõem e vão contra os desejos faciais dos interlocutores. Como Thomas (1995) expõe, todos os actos ilocucionários têm o potencial de danificar a face positiva ou negativa do destinatário através do insulto, da desaprovação ou de uma ordem que atenta contra a liberdade do ouvinte. O ato ilocucionário pode também prejudicar a face positiva ou negativa do próprio falante quando, por exemplo, o falante admite ter falhado um trabalho ou quando faz uma oferta de ajuda. Brown e Levinson (1987, p.69) propõem uma série de estratégias para minimizar ou evitar os Actos de Ameaça à Face.

1. Fazer o Ato de Ameaçar a Cara (FTA)
1.1. Ação, declaradamente registada
1.1.1. Sem ação de reparação
1.1.2. Com acções de reparação
a. Polidez positiva
b. Polidez negativa
2. Não fazer o ACL

De acordo com Brown e Levinson (1987), existem cinco (super)estratégias principais para fazer face aos ACL. Presume-se que a extensão da ameaça é o efeito cumulativo da distância social percebida entre os interagentes, da sua distância relativa de poder e do grau de imposição que é imposto por um determinado ato.

Em primeiro lugar, o locutor tem a opção de permanecer em silêncio e evitar a perda da face ou de efetuar um FTA. Para que conste, sem ação redentora (1) não tem qualquer preocupação com a face do destinatário e refere-se à utilização de expressões directas, como imperativos, para ser o menos educado possível. No caso de o locutor decidir comunicar uma ACL com ação redentora, dispõe de duas estratégias. A ação redentora é conseguida tirando partido de elementos linguísticos adicionais ou da elaboração estrutural. Além disso, se o aspeto positivo da face tiver de ser realçado e houver uma preocupação ou uma necessidade de aprovação, há uma tendência para recorrer a estratégias de polidez positiva (2). Esta estratégia põe frequentemente a tónica na solidariedade e reforça a autoimagem positiva que o destinatário pretende. No caso de o aspeto negativo da face ganhar importância, como o reconhecimento da liberdade de ação, então o locutor indica algum tipo de relutância em prejudicar o destinatário, tirando partido de estratégias de polidez negativa (3). Por fim, o falante pode preferir não se registar (4), utilizando enunciados vagos, ambíguos ou indirectos.

O modelo de polidez de Brown e Levinson é fortemente criticado, não só no que diz respeito às afirmações universais, mas também no que diz respeito às noções de "face" e "estratégias de correção da face" (Fukushima, 2002). No entanto, um modelo com uma orientação ocidentalizada que é basicamente apoiado por dados ingleses não pode ser aplicável a todas as culturas ou a todos os contextos (Wierzbicka, 1985). Mills (2003) também menciona que o modelo de Brown e Levinson não vai além do nível do enunciado e não fornece quaisquer detalhes do fenómeno da polidez no que diz respeito à vasta gama de diferenças sociais e culturais. Mills (2003) afirma que a polidez tem de ser examinada com um enfoque nas forças variáveis que estão a atuar para marcar um enunciado como educado ou indelicado. Por conseguinte, a polidez não deve ser examinada com base na frontalidade ou na indirectidade de um enunciado sem considerar o papel dos participantes como agentes que podem julgar um enunciado indireto como um exemplo de polidez ou indelicadeza. Por outras palavras, a autora sugere que a avaliação da polidez não faz sentido sem uma preocupação com os indivíduos em comunidades de prática reais que traçam as suas identidades em redes e hierarquias afiliativas. Assim, para compensar as desvantagens do modelo de Brown e Levinson, foi desenvolvida uma abordagem discursiva da (im)polidez para ter em conta o fenómeno da (im)polidez ao nível discursivo.

2.2.5. Teoria da Relevância

A Teoria da Relevância (Sperber & Wilson, 1986) é uma abordagem que se baseia num modelo de comunicação e cognição e que se inspira no modelo Griceano, que considera que os enunciados criam expectativas de relevância que ajudam os interlocutores a interpretar os enunciados. O seu princípio central baseia-se na afirmação de que existem expectativas precisas e previsíveis que guiam o ouvinte para dar sentido ao significado do falante (Wilson & Sperber, 2007). Por conseguinte, um input que seja relevante para a informação de base do indivíduo permite-lhe fazer as inferências correctas. Este input gera um 'Efeito Cognitivo Positivo' que ajuda o indivíduo a ter uma verdadeira representação do mundo (Wilson & Sperber, 2007). Este 'Efeito Cognitivo Positivo' é uma espécie de 'Implicação Contextual' que combina informação contextual nova com informação antiga. Wilson e Sperber (2007) partem do princípio de que o processo de interpretação da comunicação não é específico de uma cultura, mas que todos os seres humanos se baseiam em tendências automáticas que maximizam a relevância, seleccionando automaticamente estímulos potencialmente relevantes. Os interlocutores envolvem-se no processo de interpretação para expandir o seu conhecimento do mundo. Para tal, seleccionam a informação relevante e ignoram a irrelevante.

Wilson e Sperber (2007) propõem que, quando um falante usa a linguagem para transmitir informação, apresenta ao destinatário alguma evidência de que tem essa intenção. Chamam a este processo "comunicação inferencial ostensiva" e apresentam-no com dois níveis de intenção: "a intenção informativa" e "a intenção comunicativa" (p. 611). Assim, os ouvintes têm o direito de parar caso se adiantem no reconhecimento dos significados pretendidos pelos falantes. Por outro lado, os falantes tiram partido de um "estímulo ostensivo", que se refere ao tipo de comportamento que tem por objetivo "atrair a atenção da audiência e concentrá-la no significado do comunicador". Por outras palavras, este "estímulo ostensivo" ajuda os oradores a formularem os seus enunciados de modo a que o público seja encorajado a estar atento. Simultaneamente, o ouvinte espera que o enunciado seja relevante para as conclusões pretendidas (Wilson & Sperber, 2007, p. 611). Assim, em comparação com a abordagem Griceana, acredita-se que o modelo teórico da relevância oferece melhores perspectivas sobre os fenómenos de polidez (Mey, 2001; Jary, 1998; Christie, 2007; Watts, 2003). Por exemplo, a abordagem de Grice centra-se na "ideologia da linguagem como código semiótico" e não fornece qualquer explicação sobre a forma como os significados são descodificados nos enunciados. A teoria da relevância, por outro lado, tenta explicar o tipo de processos de inferência utilizados pelos participantes para avaliar o comportamento social uns dos outros nas interacções sociais (Watts, 2003, p. 204).

A abordagem de Grice também parece inadequada para clarificar as formas através das quais o ouvinte é guiado para dar sentido aos significados dos enunciados e não tem em conta o papel dos fenómenos pragmáticos na interpretação dos enunciados (Christie, 2007).

Por estas razões, a abordagem Griceana é substituída por uma abordagem da teoria da relevância (Sperber & Wilson, 1986) de modo a fornecer critérios mais precisos para definir instâncias de comunicação verbal e diferenciar entre diferentes tipos de transferência de informação (Jary, 1998). No entanto, a teoria da relevância centra-se demasiado no papel do ouvinte e ignora em grande medida o papel do falante na interação (Bousfield, 2008). Além disso, baseia-se demasiado num modelo de codificação/descodificação e, consequentemente, não explica nem a propriedade de emergência nem a realização interaccional num ato de comunicação (Haugh, 2007). A teoria também não toma em consideração o contexto social das interacções e assume que o comportamento individual ocorre em culturas homogéneas (Mills, 2003). Por outras palavras, "a teoria não tem uma descrição suficientemente desenvolvida dos aspectos sociais" da interação (Christie, 2007, p. 270). Por conseguinte, como diz Mill (2003), a teoria não vai além do "processamento cognitivo do indivíduo, como se este ocorresse num vácuo" (p. 62-63) e não tem em conta as normas existentes numa sociedade mais alargada.

2.3. Teorias da indelicadeza

Com base no modelo Griceano, foram definidos dois quadros principais para a discussão da indelicadeza. Um deles é o quadro proposto por Culpeper (1996, 2005), que se situa numa posição intermédia entre as abordagens tradicional e discursiva, e o outro é proposto por Bousfield (2008). No seu modelo de 2011, Culpeper faz uma distinção entre a falta de cortesia convencionalizada e a falta de cortesia não convencionalizada. A primeira categoria lida com fórmulas linguísticas explícitas de indelicadeza e a segunda aborda o debate sobre comportamentos indelicados implícitos e ambíguos. Segundo o autor, a fórmula linguística explícita é "uma forma de linguagem em que os efeitos de indelicadeza específicos do contexto são convencionalizados" (p. 153). Sugere que a ofensa pode ser exacerbada através da utilização de palavras que são negativamente afectivas.

Culpeper (2015) propõe 5 super-estratégias através das quais a indelicadeza pode ser transmitida.

1- **A indelicadeza de Bald on record** refere-se a um ACL direto e inequívoco em circunstâncias em que a consideração da face é relevante.
2- **A indelicadeza positiva** refere-se a estratégias planeadas para prejudicar os desejos positivos da face do alvo. Inclui ignorar ou desprezar alguém, dissociar-se dos outros, mostrar-se desinteressado, despreocupado, antipático, utilizar marcadores de identidade inadequados, empregar linguagem obscura ou secreta, procurar o desacordo e chamar nomes aos outros.

3- **A indelicadeza negativa** refere-se a estratégias que são utilizadas para assustar, desprezar ou ridicularizar os outros, enfatizando o seu poder relativo, invadindo o espaço do outro - literal ou metaforicamente -, associando o outro a um aspeto negativo e registando a dívida do outro.
4- **A indelicadeza extraoficial** refere-se à realização de ACLs tirando partido de uma implicatura.
5- A falta de **cortesia** refere-se à falta de cortesia em situações em que esta é esperada.

Além disso, acrescenta à lista o sarcasmo ou a polidez a fingir. Esta meta-estratégia refere-se à utilização de estratégias de cortesia não sinceras.
Culpeper (2011) subscreve as conceptualizações tradicionais de cortesia (Leech, 1983; Brown e Levinson, 1978), segundo as quais as expressões linguísticas são inerentemente indelicadas. Além disso, defende que a verdadeira interpretação dos enunciados pode ser prejudicada por uma relação contextual inadequada. Assim, expressões educadas como "por favor" e "obrigado" podem assumir uma tonalidade sarcástica em certos contextos. Ou seja, o sentido pragmático (sarcasmo) substitui o sentido convencionalizado. Assume, assim, que a (im)polidez é parcialmente inerente e que os comportamentos de indelicadeza não se baseiam apenas em fórmulas convencionais de indelicadeza. Por outras palavras, como sugere, existe um tipo de "indelicadeza implícita" que se baseia em determinadas situações em que os participantes interpretam um enunciado ou comportamento como indelicado. Este tipo de indelicadeza divide-se ainda em orientada para a forma, orientada para a convenção e orientada para o contexto, e tem como principal caraterística a indirectidade. Por conseguinte, ao contrário dos estudiosos do discurso (por exemplo, Eelen, 2001; Mills, 2011) que colocam a ênfase nas "características dinâmicas e situadas" dos enunciados (im)educados (Culpeper, 2011, p. 122), o autor adopta uma posição intermédia.

2.3.1. Limitações do modelo de indelicadeza de Culpeper

Embora Culpeper (2011) forneça informações valiosas sobre a forma como os participantes avaliam a indelicadeza nas interacções sociais, não tem em conta a indelicadeza a um nível universal. Por exemplo, como sugere Culpeper, "os pais estão autorizados a usar uma linguagem mais direta com os seus filhos do que o contrário." (p. 225). Culpeper (2011) sugere que a linguagem direta transmite sempre indelicadeza; no entanto, não é o caso em todos os contextos e culturas. Nas culturas árabes, por exemplo, as crianças tendem a fazer pedidos directos quando falam com os pais, o que não é necessariamente avaliado como indelicado (Kerkam, 2015). Além disso, a relação entre pais e filhos está ligada à cultura. Isso explica por que razão em algumas culturas, como a britânica, os pais limitam os seus discursos a pedidos directos e a ameaças, ao passo que nas culturas líbias os pais gozam de maior liberdade para criticar duramente os seus filhos através de palavras ofensivas e insultos (Kerkam, 2015). O quadro de Culpeper também pode ser criticado por não ter em conta a validade da utilização dos princípios Griceanos para a análise do fenómeno da indelicadeza implicacional. A Teoria da Relevância, no entanto, tenta ter em conta a forma como os indivíduos interpretam os enunciados. De acordo com Sperber e Wilson (1986), os indivíduos tendem a interpretar os enunciados com base em informações que são relevantes para os seus antecedentes. Assim, os indivíduos baseiam-se em algum tipo de conhecimento de base para fazer uma inferência. No entanto, não há garantias de que se faça a inferência correcta e os mal-entendidos e as interpretações erradas parecem ser inerentes a todas as conversas.

Bousfield (2008) adopta igualmente uma abordagem Griceana para discutir o fenómeno da indelicadeza. Bousfield critica as abordagens tradicionais (Brown e Levinson, 1987; Leech, 1983), pois estas assumem a polidez como a norma e a falta de educação como um fenómeno marginal que deve ser evitado. Segundo ele, "a teoria [da relevância] privilegia excessivamente o destinatário/recetor (ouvinte) em detrimento do originador (falante) de qualquer enunciado 'im/polido'" (Bousfield, 2008: 32). Ele argumenta que a indelicadeza é uma parte inerente de todos os modos de interação e pode ser considerada central no discurso. No entanto, Garces-Conejos (2010) afirma que um modelo Griceano ainda não consegue ter em conta o fenómeno da indelicadeza. A fim de distinguir a indelicadeza de outros tipos de comportamento linguístico ofensivo (como a diferença entre indelicadeza e ofensa), Bousfield (2008) discute os actos que podem constituir danos à face. Bousfield propõe uma categorização que inclui os seguintes actos ofensivos; Bousfield (2008) faz ainda uma distinção entre a indelicadeza e outros tipos de comportamento ofensivo.

1- Uma tentativa de realizar um ato indelicado é bem sucedida quando o ouvinte interpreta um insulto intencional como um dano facial intencional.

2- Um ato indelicado intencional falha quando o ouvinte não interpreta a expressão do orador como
um dano facial.

3- Não há intenção de danificar o rosto, mas há um mal-entendido por parte do ouvinte. Por conseguinte, o dano facial é acidental.

4- Há um dano facial acidental, sem qualquer intenção por parte do falante.

Consequentemente, o ouvinte não interpreta o enunciado do falante como um dano facial intencional.

Embora a categorização de Bousfield seja valiosa, sofre de várias deficiências. Por exemplo, ele não explica se um ato ofensivo incidental que é desprovido de uma intenção indelicada (categoria 4) pode ser considerado um ato indelicado. Além disso, não tem em conta as declarações ofensivas intencionais que são utilizadas para mostrar camaradagem (Mills, 2003; Culpeper, 2011).

Por conseguinte, as questões relativas ao que leva os participantes a ofenderem-se passam despercebidas nesta categorização. Por essa razão, Mills (2003) apresenta a ideia de que a indelicadeza depende de factores como expectativas desfasadas, diferenças interculturais e grau de familiaridade entre interlocutores, que desempenham um papel na avaliação de um enunciado ou comportamento como indelicado. Por conseguinte, os juízos relativos à polidez/impolidez vão muito além do nível do enunciado e exigem a avaliação e interpretação do contexto como um todo (Terkourafi, 2008).

Por conseguinte, Bousfield (2008) propõe uma distinção adicional entre indelicadeza 'genuína' ou 'sincera' e considera a distinção entre face positiva e negativa supérflua. Em seguida, reformula o modelo de Culpeper (2005) e propõe uma série de tácticas, em vez de estratégias.

1- **A indelicadeza** registada nega os desejos ou direitos esperados de um destinatário e visa danificar explicitamente o rosto do destinatário de uma forma discordante ou conflituosa.

2- **A indelicadeza não registada** tira partido de ataques faciais implícitos, como a retenção da polidez e o sarcasmo.

a. **A retenção de cortesia** refere-se à ausência de cortesia em situações em que esta é esperada ou obrigatória.

b. **O sarcasmo** refere-se a uma expressão que tem uma aparência exterior de manter a face do destinatário, mas que no fundo ameaça ou prejudica a sua face.

Garces-Conejos (2010) considera que este modelo é inadequado porque não apresenta uma ferramenta analítica útil para a classificação dos dados. Segundo ele, a classificação de Bousfield limita-se a diferenciar entre significados explícitos e implícitos transmitidos, ignorando factores como a relação entre os interlocutores e o grau de explicitação, que depende muito do contexto.

Bousfield (2008) salienta que os participantes recorrem a estratégias de indelicadeza off/on-record para aumentar o grau de ofensa. Como ele afirma, não é fácil identificar apenas uma única estratégia de indelicadeza num discurso. Além disso, Garces-Conejos (2010) põe em causa a certeza com que um destinatário avalia um enunciado com estratégias registadas ou não registadas. Por isso, parece que a sua distinção não é mais do que um resquício da taxonomia de Brown e Levinson.

Como alternativa, os teóricos da abordagem discursiva (como Eelen; 2001, Mills, 2003, 2011; Kádár & Mills, 2011; Linguistic Politeness Research Group (eds.), 2011) defendem a avaliação do comportamento como educado ou indelicado com base nos contextos e nas avaliações dos enunciados pelos falantes (Mills & Kádár, 2011).

2.3.2 Uma nova visão e definição de indelicadeza

Ao contrário dos seguidores de Brown e Levinson, que consideravam a polidez e a indelicadeza como pólos opostos, Culpeper (2007), Bousfield (2008) e Bousfield e Locher (2007) afirmam que a polidez e a indelicadeza não são opostos absolutos entre si e podem ser examinadas tanto em relação como separadas uma da outra. Eelen (2001) também mencionou que o fenómeno da indelicadeza não pode ser totalmente explicado se for visto simplesmente como uma falta de polidez. Para Bousfield (2008), a indelicadeza envolve um ato deliberado e gratuito de ameaçar a face de alguém, que é feito propositadamente. Para além disso, a indelicadeza está relacionada com questões de poder (Locher, 2004; Bousfield 2007, 2008) e é "permissiva do contexto", uma vez que permite a um interlocutor demonstrar poder sobre o outro (Bousfield, 2007, p. 142). Por conseguinte, os teóricos do discurso examinam a indelicadeza em qualquer fase da conversação.

Terkourafi (2001, 2005a, 2005b, 2008) adopta uma abordagem baseada em enquadramentos para captar o fenómeno da (im)polidez no que diz respeito a conjuntos de expectativas ou enquadramentos enraizados nas nossas experiências anteriores. Terkourafi define os quadros como "as implementações psicologicamente reais do habitus" (2005a; 253) e afirma que estes quadros são criados através das nossas experiências passadas e abrem possibilidades futuras. A análise baseada em frames de Terkourafi é uma tentativa de descobrir normas dentro das comunidades, examinando quantitativamente até que ponto formas linguísticas específicas ocorrem em contextos específicos. Propõe então que as normas "sobre o que é provável que se faça" podem ser generalizadas (2005a; 244) e tem como objetivo prever a possível produção de enunciados em contextos particulares com base em normas de cortesia numa sociedade específica. A autora sugere que, na ausência de frames, os interactantes podem desenvolver novas formas de expressar polidez, mas com uma maior probabilidade de serem mal interpretados.

Para os teóricos do discurso, a polidez é uma "indexação social" ligada ao contexto (Terkourafi, 2001, p.11) e não um "desvio da eficiência racional" ou uma "estratégia para evitar conflitos" (Arundale, 2010; Terkourafi, 2001). A perceção da polidez no âmbito desta abordagem é uma questão importante na análise de línguas asiáticas como o japonês e o chinês, em que o discernimento - a compreensão da situação e a relação percebida entre os interlocutores - se torna mais importante do que o uso estratégico da linguagem (Terkourafi, 2001). Locher (2006) prefere 'trabalho relacional' como alternativa ao termo 'polidez' para dar mais ênfase ao 'trabalho' que os interlocutores investem quando negoceiam. O termo trabalho relacional é, portanto, um termo genérico para uma forma de julgamento conhecida como polidez. Desafia a categorização fácil de polidez ou indelicadeza porque é possível que os interactantes se envolvam em trabalho que não é nenhum e, assim, tal dicotomia "fica aquém das muitas nuances do trabalho relacional" (p. 263). Locher também distingue a definição de polidez para um falante e para um ouvinte com base no facto de que a polidez para um falante é uma forma marcada de comportamento apropriado para mostrar preocupação com o ouvinte, que ainda é derivada de um 'desejo egocêntrico', enquanto a polidez para um ouvinte é uma expressão marcada e apropriada (Watts, 2003). Para além disso, Locher e Watts (2007) referiram-se a enunciados não polidos, demasiado polidos e políticos (que se referem a afirmações não marcadas consideradas apropriadas). Watts (2003) apela à reavaliação do modelo de Brown e Levinson, definindo a polidez como um comportamento marcado e egocêntrico. Esta nova definição de polidez como sendo simultaneamente egocêntrica e empática requer uma teorização discursiva (Bousfield, 2008). Locher (2006) dá atenção à natureza elusiva das normas como um fator determinante para fazer julgamentos sobre o comportamento educado. Estas normas estão sujeitas a alterações, uma vez que são constantemente negociadas e renegociadas nas nossas interacções sociais. Locher e Watts (2007) vão ao ponto de dizer que os comportamentos linguísticos não são inerentemente educados ou indelicados. Leech (2007), no entanto, dá origem ao papel dos interactantes e adopta uma posição pragmática em relação à polidez. Com base na Teoria da Relevância, Watts (2003) defende a ideia de que a polidez é uma questão de participação conjunta no contexto. Locher (2006) também refuta a afirmação de que os enunciados linguísticos são inerentemente educados ou indelicados e, em vez disso, destaca o papel importante dos interactantes que formam uma prática discursiva ao julgarem um enunciado educado, indelicado ou não educado. Bousfield (2008) associa os níveis e tipos de (im)polidez aos papéis discursivos habitados ou atribuídos pelos interlocutores e aos seus repertórios discursivos conexos. No âmbito de uma abordagem discursiva, a face não é estática, mas sim um processo constantemente negociado que dá origem a expectativas internas e manifestações externas na interação (Bousfield, 2008).

A noção de "face interaccional" de Geyer (2008, p. 51) capta a ideia de que a face não reside em frases isoladas, mas é uma consciência e gestão constantes das faces de outras pessoas, moldadas e remodeladas na interação. Do mesmo modo, Arundale (2010) afasta-se da visão da face como um conjunto de normas acordadas inerentes aos enunciados e, em vez disso, adopta uma abordagem de análise baseada na conversação para ter em conta a face como um fenómeno relacional moldado na interação.

Os teóricos do discurso assumem que a polidez, enquanto processo, deve ter em conta as escolhas possíveis e as possibilidades de mal-entendidos. Christie (2007) afirma que a Teoria da Relevância deve abordar a interpretação do significado do enunciado como um processo e não como um dado ou um produto. Além disso, os teóricos do discurso assumem que a polidez é uma parte integrante da interação e não uma peça isolada do discurso. Bousfield (2008) analisa as possibilidades de examinar como certos enunciados resultam em (im)polidez e o efeito de tais enunciados nos interlocutores. Parte do princípio de que a indelicadeza não ocorre no vácuo e que qualquer ato estratégico de indelicadeza é gerado por um interlocutor que já foi provocado em algum momento. Por outras palavras, coloca a ênfase nos efeitos dos enunciados sobre os interlocutores que podem desencadear a indelicadeza. Locher (2006) desloca a ênfase da análise do comportamento linguístico baseada no conhecimento de dispositivos linguísticos pré-fabricados para o exame da polidez em relação a um conjunto de normas consideradas apropriadas na interação. Nesta perspetiva, a polidez é um processo de avaliação constante para os envolvidos numa interação.

Além disso, no âmbito da abordagem discursiva, as identidades dos indivíduos são constantemente moldadas e remodeladas na interação e não existem identidades fixas com base nas quais os indivíduos, enquanto entidades fixas, agem de forma educada ou indelicada. Assim, a polidez serve apenas como um dos meios através dos quais os indivíduos moldam as suas identidades (Kádár & Mills 2011a).

2. 4. Abordagens discursivas e teoria do discurso

Afastando-se das generalizações das teorias clássicas da polidez (Brown & Levinson, 1987), os teóricos tentaram diferenciar entre polidez 1 e 2; a polidez 1 refere-se ao entendimento da polidez pelos participantes na interação e a polidez 2 refere-se às concepções dos teóricos sobre polidez e indelicadeza (Eelen, 2001). Esta mudança de foco levou os teóricos a refletir sobre o que estão a analisar.

Baseando-se numa série de tradições teóricas, os teóricos discursivos da era pós-moderna adoptaram duas posições: o primeiro grupo incorpora elementos da abordagem tradicional com alguns tipos de modificações e o segundo grupo rejeita de forma restrita o modelo de Brown e Levinson em favor de um novo quadro teórico. Bousfield (2008) e Terkourafi (2005) contam-se entre os que fizeram tentativas significativas de modificar o modelo de Brown e Levinson, no entanto, com a preocupação de desenvolver formas rigorosas de análise em contexto.

A abordagem discursiva preocupa-se com questões de poder e baseia-se nas concepções de Foucault (1972) sobre o discurso como um conjunto de práticas reguladas produzidas por sociedades e elites para determinar a avaliação do que é verdadeiro ou valioso. Em vista disso, o discurso rejeita as meta-narrativas e o relato universalista do funcionamento das línguas em favor de uma análise mais localizada (van der Bom & Mills, 2015).

2.4.1 A "viragem discursiva"

A abordagem discursiva desloca a atenção das noções macro-sociológicas para a construção local do significado nas interacções quotidianas. Da mesma forma, a investigação tradicional sobre a polidez, centrada em conceitos macro-sociológicos como o género, a classe social e a etnia (Brown & Levinson, 1978), foi suplantada por modelos mais orientados para os dados (Terkourafi, 2005), segundo os quais a coocorrência de padrões é estabelecida nos contextos esquemáticos de utilização de determinados grupos linguísticos. Por exemplo, um pedido pode ser considerado educado se não for contestado entre dois interlocutores e se as mesmas suposições forem feitas em interacções repetidas. Embora se trate de uma abordagem potencialmente válida, está enredada em alguns dos problemas das abordagens anteriores, uma vez que se centra em padrões de coocorrência, tendo em conta o género, a idade e a classe social, entre outras categorias macro-sociológicas. Assim, embora esta abordagem tenha em conta a dinâmica local de comunidades mais pequenas, não consegue ir além das generalizações inerentes às abordagens anteriores.

As abordagens discursivas baseiam-se na teoria da prática de Bourdieu (1977) para compreender a polidez e centram-se na teoria social, de modo a esclarecer como a polidez se torna significativa a um nível mais local e micro. Nesta perspetiva, a avaliação dos enunciados assenta na indexação pessoal da posição social (Christie 2013; van der Bom & Mills, 2015). Não se trata de negar a importância de factores macro-sociológicos mais amplos, mas de dar mais ênfase à importância da forma como o significado é construído individual e dinamicamente a um nível mais micro. Eelen (2001) afirma que a polidez é uma questão de julgamentos, particularmente julgamentos morais, que não podem ser examinados sem uma consideração das ideologias linguísticas. Agha (2006) relaciona igualmente questões de polidez e falta de educação com valores morais e ideológicos e afirma que a polidez e a falta de educação não são unívocas nem isentas de valores. Existem assimetrias sociológicas em cada cultura e, por isso, nem todas as normas são igualmente aceites por todos os membros. Por conseguinte, a polidez não é um conjunto de recursos acordados entre todos os membros individuais de uma sociedade e a investigação da polidez no âmbito de um quadro discursivo baseia-se em juízos contextualizados em vez de contar com afirmações abrangentes sobre universais linguísticos. Em alternativa, a discursividade centra-se na análise local e em julgamentos contextualizados, e a polidez como um sistema de ideologia (Agha, 2006).

2.4.2. O foco das abordagens discursivas

As abordagens discursivas estão orientadas para uma análise localizada, interactiva e baseada no contexto, tendo em conta a interação entre os participantes, os trechos mais longos do discurso e os juízos individuais sobre o que é educado ou indelicado. Com uma orientação social, centram-se nas ideologias de polidez e indelicadeza e baseiam-se no julgamento e na interpretação para dar sentido às interacções. Estas abordagens interessam-se pelas meta-afirmações e pelas posições individuais em relação à polidez ou indelicadeza, em vez das visões analíticas dos teóricos. A análise de Grainger e Mills (2016) sobre a indirectidade consiste em entrevistas, questionários, dramatizações e grupos de discussão, de modo a ter em conta as opiniões dos participantes sobre a frontalidade e a indirectidade.

2.4.3. A abordagem discursiva como crítica do modelo de Brown e Levinson

A investigação sobre a polidez conduzida com base no modelo de Brown e Levinson constitui a primeira vaga de investigação sobre a polidez (Culpeper, 2011a; Grainger, 2011). Em alternativa, a segunda vaga de investigação sobre a polidez baseou-se numa crítica das abordagens da primeira vaga à polidez.

A abordagem discursiva da polidez foi principalmente uma crítica ao modelo de Brown e Levinson e pode ser considerada parte integrante da segunda vaga de investigação sobre polidez (por exemplo, Eelen, 2001; Mills, 2003; Watts, 2003). A primeira vaga de investigação sobre polidez centra-se no trabalho facial e na mitigação da face, que são utilizados estrategicamente pelos interlocutores para atingir os seus objectivos. No entanto, os teóricos do discurso não concordam com esta visão que limita a polidez ao uso estratégico da linguagem para evitar a ameaça à face (Mills, 2003). Além disso, este modelo não tem em conta o ouvinte e a sua perspetiva do que é a polidez, nem o contexto social e discursivo que gera os enunciados (Watts, 2003). Também não reconhece a natureza social da polidez (Fukushima, 2000), mas assume que os enunciados são inerentemente significativos e podem ser avaliados de forma descontextualizada, sem ter em conta a perceção do ouvinte sobre o que constitui polidez.

Em alternativa, o significado no âmbito de uma abordagem discursiva é construído de forma dinâmica em grandes extensões de discurso geradas por múltiplos participantes (Mills, 2003; 2011). Por conseguinte, as abordagens discursivas não se baseiam na Teoria dos Actos de Fala, que é uma abordagem centrada no orador e na frase para a análise da polidez. Além disso, o modelo de Brown e Levinson não tem em conta a indelicadeza no seu modelo, exceto ao delinear a noção como a ausência de polidez (Eelen, 2001) ou ao defini-la como uma falha na comunicação (Culpeper, 1996; 2011). No entanto, assume-se que a polidez e a indelicadeza funcionam de formas distintas e, por isso, devem ser analisadas de forma independente (Bousfield & Locher, 2007; Bousfield, 2008). Como último ponto, o modelo de Brown e Levinson tem sido criticado por ser demasiado dependente da perceção de polidez do analista, em vez de se centrar na noção que os interlocutores têm do termo (Eelen, 2001; Clark, 2011; Grainger et al. 2015). Os teóricos da polidez discursiva distinguem dois tipos de polidez: a polidez de primeira ordem, que examina os juízos de polidez do interlocutor na interação, e a polidez de segunda ordem, que inclui a noção teórica de polidez (Watts et al. 1992; Eelen, 2001). As abordagens discursivas têm em conta o ponto de vista dos interactantes sobre a polidez, bem como a imprecisão das fronteiras que existem entre os dois conceitos.

2.4.3.1. Desvantagens do modelo de Brown e Levinson

Brown e Levinson defendem que o tipo e o grau de polidez entre interlocutores dependem de factores como a distância social (D), as relações de poder (P) e o grau de imposição do ato de fala específico (R). Enquanto estes defendem que estes factores são locais à interação, outros consideram que estes factores são estáticos e inflexíveis. Com base num modelo foucaultiano de poder, a posição e o estatuto institucionais não determinam necessariamente o tipo ou o nível de polidez entre os interlocutores (Foucault, 1972, 1978; Thornborrow, 2002). De acordo com Manke (1997) e Diamond (1996), as pessoas em posições de poder tendem a usar formas que não são convencionalmente atribuídas ao seu nível, quando interagem com os seus subordinados para fins de solidariedade. Além disso, com base nos princípios do modelo de Brown e Levinson, não há lugar para mal-entendidos na comunicação. Por exemplo, a expressão "peço desculpa" é imediatamente reconhecida como um pedido de desculpas. Outros teóricos, no entanto, acreditam que este modelo simples de comunicação é defeituoso e não expõe a complexidade das relações interpessoais que são constantemente negociadas (Mills, 2003a; Watts, 2003; Bousfield, 2008). O modelo de polidez de Brown e Levinson gira principalmente em torno da noção de face e de estratégias de mitigação de ameaças à face (FTM). Por exemplo, presume-se que o uso de determinados honoríficos ou formas deferentes por parte de um indivíduo é indicativo do reconhecimento pelo falante da sua relação com os outros em determinados contextos do sistema social. Assim, a utilização de determinadas expressões, tradicionalmente associadas à polidez, indica o reconhecimento da posição do indivíduo na hierarquia (Ide, 1989). Em alternativa, a utilização de palavrões e insultos indica a expressão de raiva do falante num determinado contexto e o seu desprezo pelo conjunto da comunidade de prática e do sistema social. Por exemplo, num estudo de Bousfield (2008), dizer palavrões aos guardas de trânsito foi considerado não só uma queixa contra a decisão do guarda, mas também um desafio à posição do guarda na hierarquia social.

O modelo de Brown e Levinson também não apresentava uma definição clara de indelicadeza. Considera simplesmente que a polidez e a falta de educação estão em pólos opostos. Ou seja, uma ocorre na ausência da outra (Eelen, 2001). Modelos alternativos, no entanto, examinaram a indelicadeza por si só (Culpeper, 2005, 2007; Bousfield, 2007, 2008; Culpeper, Bousfield & Wichmann, 2003; Bousfield & Locher, 2007). Brown e Levinson assumem que, embora a polidez seja expressa de forma diferente em diferentes línguas, existe um modelo universal de polidez baseado no conceito de atenuação da face. Alguns investigadores argumentaram contra a aplicabilidade do modelo de Brown e Levinson em contextos da Ásia Oriental (Mao, 1994; Ide, 1989; Matsumoto, 1989) e trouxeram para a ribalta a polidez asiática e vários modelos de comportamento conversacional. Estes investigadores insistiram no facto de todas as sociedades serem igualmente educadas, mas com base nos seus próprios valores e premissas. Por conseguinte, embora a polidez e a indelicadeza possam ser consideradas conceitos universais, são realizadas de forma diferente em diferentes culturas (Pizziconi, 2008).

A estrutura de Brown e Levinson baseia-se no modelo de pessoa: Os interlocutores são seres racionais que tiram partido da utilização estratégica racional da polidez para atingir os seus objectivos a curto e longo prazo. Este indivíduo atomístico da filosofia ocidental é motivado pelo interesse próprio, aplacando e agradando aos outros para atingir os seus objectivos. No entanto, segundo os críticos, esta visão individualista implica que as sociedades em geral servem de meio para os indivíduos atingirem os seus objectivos. Esta visão instrumental da interação é contestada mesmo nas sociedades ocidentais devido à sua função limitada em contextos específicos. Nas sociedades asiáticas, também não é validado um modelo de cortesia orientado para os indivíduos e os seus objectivos (Ide, 2005; Hamza, 2007; Kádár & Mills, 2011a). Não se trata de rejeitar esse modelo como totalmente inútil, mas de estar ciente de que as culturas orientais têm o seu próprio uso estratégico individualista da polidez e que não existe um "uso da polidez orientado para a comunidade (discernimento)" em contextos ocidentais (Mills, 2011, p. 23).

2.4.3.2. O conceito de habitus de Bourdieu

Bourdieu (1991) coloca em evidência o conceito de 'habitus' para explicar as formas 'normais' de comportamento nas sociedades. Este conceito refere-se a regras de comportamento não escritas que são desenvolvidas através da força da repetição e executadas inconscientemente (Mills, 2003a; Watts, 2003; Terkourafi, 2005). A noção de habitus de Bourdieu (1991) revela-se vantajosa na análise das regularidades e normas de uso da polidez (Terkourafi, 2005) e explica como a identidade de uma pessoa é adoptada de formas particulares através da socialização explícita e implícita (Bucholtz, 1999a; 1999b). Bourdieu (1991) expõe o conceito de 'habitus' como "as disposições [que] geram práticas, percepções e atitudes que são 'regulares' sem serem conscientemente coordenadas ou regidas por qualquer 'regra'" (p. 12). Estes conjuntos de disposições estabelecem então as normas para os indivíduos que negoceiam o que é considerado aceitável de acordo com as suas próprias percepções. Eelen (2001) argumenta que esta hipótese implica um sentido de cultura partilhada com práticas e crenças partilhadas num mundo comum. Há um conjunto de crenças partilhadas num mundo social em que os indivíduos têm de se envolver. Por conseguinte, o habitus denota um sistema flexível de comportamento com um papel estruturante sem ser inventado por agentes ou instituições individuais. Mills (2003) sugere que Eelen se baseia no conceito de habitus para um quadro de análise individualista. No entanto, esta noção, juntamente com o modelo das comunidades de prática, pode ser utilizada para descrever a dinâmica das relações entre um indivíduo e o grupo social mais alargado a que pertence.

2.4.4. Problemas da abordagem discursiva

As abordagens discursivas têm em conta a interação discursiva entre os interlocutores e as suas percepções de polidez ou indelicadeza em determinadas interacções. A discursividade e o seu maior enfoque no julgamento e na interpretação fazem com que os críticos reduzam a polidez discursiva à polidez de primeira ordem devido à sua incapacidade de fornecer meios eficazes para designar algo como educado ou indelicado (Terkourafi, 2005; Haugh, 2007; Locher, 2012). Haugh (2007) questiona a existência de uma distinção clara entre polidez de primeira e segunda ordem e a probabilidade de confundir as avaliações de polidez dos interlocutores e dos analistas. Locher (2012) também argumenta que os julgamentos dos interlocutores sobre as noções de polidez e indelicadeza não podem ser considerados independentes da comunidade de prática dentro de um contexto social mais amplo. Ela afirma que a interpretação da polidez está ligada a normas sociais com base nas quais os indivíduos dão sentido ao fenómeno da polidez numa determinada comunidade de prática (Locher, 2006a, Locher, 2006b).

Terkourafi (2005) sugere que uma descrição pormenorizada dos intercâmbios conversacionais não conduz a uma teoria abrangente da polidez e, por conseguinte, as abordagens discursivas não são de natureza preditiva. Kadar e Haugh (2013) chamam a atenção para a necessidade de unificar os conceitos teóricos actuais numa grande teoria da polidez. No entanto, este ponto de vista é falho na medida em que a criação de um quadro coerente e de um modelo de análise não consegue captar as complexidades do fenómeno na interação e vai na direção das limitações do modelo de Brown e Levinson. Os críticos consideram as abordagens discursivas como a fusão de várias vertentes de investigação em vez de uma teoria unificada da polidez e, por conseguinte, a medida em que uma peça de investigação se insere no domínio discursivo não é de modo algum definitiva. Além disso, há muita confusão sobre os pressupostos subjacentes às abordagens à polidez e à aplicação de metodologias (Haugh 2007; Culpeper 2011a). Por exemplo, algumas abordagens tiram partido da Teoria da Relevância e das máximas de comunicação de Grice e colocam a ênfase nas intenções dos falantes em vez da negociação de significado entre interlocutores (Haugh 2007; Culpeper 2011b, p. 21).

2.4.5. O pós-modernismo e a abordagem discursiva da polidez

Como Haugh (2007, p. 295) salienta, A abordagem discursiva da polidez representa um dos desafios mais coerentes ao domínio da teoria da polidez de Brown e Levinson até à data e, de facto, à viabilidade contínua do próprio campo de investigação da polidez. No entanto, embora a abordagem discursiva defenda a deslocação da polidez como foco de investigação, após um exame mais atento dos pressupostos epistemológicos e ontológicos subjacentes a esta abordagem, surgem várias inconsistências. Em particular, surge a questão de como os investigadores podem identificar instâncias de (im)polidez sem impor os entendimentos dos analistas... uma teoria da (im)polidez precisa de examinar mais cuidadosamente como a (im-)polidez é alcançada interactivamente através das avaliações do eu e do outro (ou dos respectivos grupos) que emergem no desenrolar sequencial da interação. Isto implica que o analista procure evidências na interação de que tais avaliações de (im)polidez foram feitas pelos participantes. De acordo com Haugh (2007), a abordagem discursiva da polidez rompe com a distinção tradicional analista-participante e toca em questões epistemológicas e ontológicas.

2.4.5.1. A abordagem discursiva; Questões epistemológicas

As abordagens discursivas da polidez distinguem dois tipos de polidez: a polidez de primeira ordem, que se preocupa com as várias formas em que um padrão de comportamento é entendido como polido entre os membros de um grupo sociocultural (Watts, Ide & Ehlich 1992, p. 3), e a polidez de segunda ordem, que se preocupa com "uma teoria do comportamento social e do uso da língua" (Watts, Ide & Ehlich 1992, p. 3). Assim, a investigação sobre a polidez visa examinar o modo como os interlocutores percepcionam a polidez nas interacções sociais (Watts, 2005) e o modo como a terminologia de uma língua é explorada e a discussão discursiva sobre o uso dos termos (Watts, 2005). Presume-se que a polidez de segunda ordem carece de utilidade, uma vez que as noções não-normativas de polidez não são consideradas relevantes para o estudo da interação social (Watts, 2003).

A concetualização da polidez no âmbito da abordagem discursiva implica que o comportamento polido vai para além do comportamento político e não cumpre totalmente as noções de previsibilidade (Watts, 2003). O comportamento político no âmbito da abordagem discursiva é uma questão de perceção do comportamento apropriado dentro das restrições da interação social (Watts, 2003). No entanto, alguns investigadores consideram que esta visão não é mais do que uma concetualização teórica leiga (Glick, 2006, p. 732; Terkourafi, 2005a, p. 243; Vilkki, 2006, p. 329; Xie, He & Lin, 2005, p. 449).

A noção de primeira ordem de polidez de Watts resulta em incongruências entre as percepções de polidez à luz da discursividade e as formas como a polidez é negociada em grupos socioculturais específicos (Watts, Ide & Ehlich, 1992). Sifianou (1992) relata que os falantes britânicos percepcionam a polidez como uma consideração e respeito pelos estados de sentimentos da outra pessoa. Isto é, por exemplo, usar "please" e "sorry" de acordo com as normas sociais para mostrar boas maneiras. Um estudo realizado na Austrália revelou que os falantes de inglês associam a polidez à simpatia e à consideração pelo rosto da outra pessoa, bem como à utilização de linguagem indireta e educada (Obana & Tomoda, 1994). Um estudo semelhante com falantes de inglês americano revelou que a polidez estava associada a ser respeitoso e atencioso (Ide, Hill, Carnes, Ogino & Kawasaki, 1992). No entanto, como Watts (2005) afirma, a polidez linguística não é considerada significativa a menos que os interlocutores estejam conscientes da luta discursiva sobre o uso de palavras educadas.

2.4.5.2. A abordagem discursiva; Questões ontológicas

A abordagem pós-moderna da polidez coloca a tónica nas avaliações que os falantes nativos fazem da noção, que servem então de base a uma análise "discursiva, orientada para os dados, de baixo para cima" (Locher & Watts, 2005, p. 16). Esta abordagem, no entanto, talvez não possa evitar totalmente as percepções do próprio analista sobre a avaliação. As abordagens discursivas também foram criticadas pelo facto de não apresentarem uma metodologia clara (Xie, He & Lin, 2005), uma "abordagem interpretativa" para a análise dos dados (Locher & Watts, 2005, p. 17) ou conhecimentos derivados de abordagens experimentais (Holtgraves 2005a, p. 89). Por conseguinte, as abordagens discursivas dependem demasiado da forma como a interação é interpretada pelo analista. Assim, Haugh (2007) defende que as abordagens discursivas dão origem a questões ontológicas para distinguir os papéis de participante-analista. Na abordagem pós-moderna da polidez, portanto, o analista deve expor as percepções de polidez dos participantes em vez de "impor uma visão teórica da polidez" (Eelen 2001, p. 253; Mills, 2003, p. 2; Locher 2006, p. 252; Watts, 2003, p. 143; 2005, p. xxii).

As abordagens discursivas à polidez, como forma forte do pós-modernismo, argumentam contra o estudo científico da noção, uma vez que esta não tem lugar no que diz respeito à interação social (Watts, 2003). Além disso, a tónica é colocada no papel dos participantes, ao ponto de o papel do analista ser desvalorizado, passando a ser apenas o de representar as percepções dos interlocutores.

Uma questão que suscita preocupação é saber se é o analista ou o participante que, na realidade, avalia as avaliações de (im)polidez. Foi recolhida uma grande quantidade de dados com o analista envolvido na interação, de modo a oferecer uma visão mais genuína do estudo da (im)polidez (Locher 2004; Locher & Watts, 2005; Watts, 2003). No entanto, o confinamento da investigação sobre (im)polidez a casos em que o analista também desempenha o papel de um dos participantes não é considerado essencial, uma vez que tal atitude representaria apenas uma demografia particular no estudo do fenómeno (Mullany, 2005). No entanto, a análise de dados sem que o analista tenha um papel como um dos participantes implica assegurar uma distinção entre as percepções dos analistas e dos participantes.

O reconhecimento da variabilidade existente e da provável indeterminação da avaliação no que respeita às instâncias de (im)polidez levou as abordagens discursivas a centrarem-se naquilo que é reconhecido como as potenciais instâncias de (im)polidez (Locher, 2006, p. 263; Locher & Watts, 2005, p. 17; Watts, 2003, p.143). A avaliação das instâncias prováveis de (im)polidez (Locher, 2006, p. 263; Locher & Watts, 2005, p. 17), no entanto, está aberta à discussão. Como Haugh (2007) argumenta, não se ganha muito se não houver certeza por parte do analista para identificar um comportamento linguístico como educado ou indelicado. Vale a pena notar que a natureza intrínseca da análise dentro de um quadro discursivo revela apenas que não há concordância entre os analistas, por um lado, e outros observadores leigos, por outro, no que diz respeito à avaliação de um fragmento de interação. Além disso, um certo grau de incerteza resulta de não se saber exatamente se este estado de perplexidade é causado pela avaliação que os participantes fazem de interacções particulares ou pela inconsistência de generalizações entre interlocutores em situações comparáveis. Em qualquer caso, uma abordagem discursiva coloca demasiada ênfase nas avaliações dos participantes sobre a interação com algum nível de certeza. Haugh (2007) sugere que uma reconsideração da polidez de primeira e segunda ordem e, mais especificamente, um reexame da forma como a polidez é alcançada a nível internacional, permite-nos obter informações sobre a forma como a (im)polidez é negociada discursivamente no âmbito de uma abordagem pós-moderna. Neste sentido, serão eliminadas as inconsistências relativas ao modelo de codificação-decodificação da interação no âmbito de um quadro discursivo.

2.4.5.3. Revisitando as noções de (im)polidez de primeira e segunda ordem

A principal dificuldade das abordagens discursivas é tentar integrar uma conceção teórica da polidez como um comportamento marcado (Locher & Watts, 2005) e promover um enfoque nas formas como a polidez é percepcionada pelos participantes (Watts, 2005). Eelen (2001) reexamina a polidez de primeira e segunda ordem em busca de uma base sólida para apresentar a noção de (im)polidez. Salienta que, se a distinção entre os dois tipos de polidez não for mantida, então a análise oscila muito provavelmente entre os dois tipos de pontos de vista epistemológicos. Defende ainda que a análise precisa de considerar a relação entre os dois tipos de polidez e as formas de os distinguir. Enquanto numa definição clássica, a polidez de primeira ordem se refere "às várias formas em que o comportamento educado é percebido e falado pelos membros de grupos socioculturais", Eelen (2001, p. 77) elabora o conceito olhando para "o que realmente se passa na cabeça do informador nativo enquanto executa o comportamento em questão". Ou seja, um foco na forma como um falante nativo cria conscientemente a sua perceção de polidez e a sua avaliação extemporânea da noção à medida que a interação prossegue. Como afirma Eelen (2001), a polidez pode ser classificada em três tipos diferentes; a polidez expressiva denota "polidez codificada no discurso, para instâncias em que o falante tem como objetivo um comportamento 'educado'" (p. 35). A polidez classificatória refere-se à "polidez usada como uma ferramenta de categorização (que) abrange os julgamentos dos ouvintes (na interação real) do comportamento interaccional de outras pessoas como 'educado' ou 'indelicado'", e a polidez metapagmática é definida em termos de "instâncias de conversa sobre a polidez como um conceito, sobre o que as pessoas entendem que é a polidez" (Eelen, 2001, p. 35). Como Helen (2001) afirma, embora a classificação da polidez 1 em expressiva e classificatória se revele útil, não pode ainda dar conta da avaliação de instâncias de (im)polidez tal como surgem no decurso da interação. Dito de outro modo, estas classificações não são adequadas quando se trata de explicar como os ouvintes percepcionam e interpretam a (im)polidez tal como ela é realizada conjuntamente através da interação. Por isso, é necessária uma outra categoria que diga respeito aos processos cognitivos dos participantes na interpretação da (im)polidez à medida que interagem e negoceiam (Arundale, 2005). Isto deve-se ao facto de tanto a polidez expressiva como a classificatória 1 lidarem com uma avaliação post facto da (im)polidez na interação. Assim, a nova classificação preocupa-se com as ideologias partilhadas sobre o modo como a (im)polidez é alcançada na interação.

2.5. Forma de análise no âmbito das abordagens discursivas

2.5.1. O papel do analista nas abordagens discursivas

Os teóricos discursivos rompem com a distinção tradicional análise-participante e, em vez disso, centram-se nos pontos de vista dos interactantes na análise dos dados. Por conseguinte, substituem os dados qualitativos por dados quantitativos na análise dos dados. No entanto, este tipo de análise põe em risco a validade das interpretações do analista (Haugh, 2007). Isto é, as interpretações que os analistas fazem dos julgamentos dos interactantes dependem muito das suas próprias percepções, o que constitui um desafio para o analista, que tem de fazer afirmações sobre o que é a polidez ou a falta de polidez com base em provas implícitas e não explícitas fornecidas pelos participantes (Grimshaw, 1990). Obviamente, entrar na cabeça dos interactantes não é possível sem algum tipo de mediação, mas ter acesso a informação etnográfica e ao contexto dos comportamentos registados permite ao analista obter melhores conhecimentos sobre as escolhas dos interactantes entre o leque de variações linguísticas possíveis (Mills, 2015). Nesta perspetiva, o papel do analista é desvalorizado, uma vez que a avaliação da polidez se baseia nos julgamentos dos interagentes (Mills, 2011). Na sua análise das estratégias de polidez num contexto online, Locher (2006) refere a inadequação da identificação de estratégias de mitigação para a análise dos dados. Como ela afirma, não é justificável julgar o uso de imperativos em enunciados de aconselhamento como indelicado porque não há nada no enunciado em si e os interactantes recorrem a uma variedade de recursos que estabelecem a norma do que é educado, não educado ou político. Assim, o papel dos analistas é avaliar as normas de adequação com base nos pontos de vista dos participantes em contextos específicos e em comunidades particulares.

2.5.2. Contexto de análise no âmbito das abordagens discursivas

Na abordagem discursiva, há uma tendência para a análise contextual com uma preocupação pelo papel do social na interação e pelo papel das interacções individuais na criação de normas sociais mais amplas. Por outras palavras, evita-se a análise de exemplos desencarnados, abstractos e inventados, em favor de juízos sobre a polidez baseados no contexto.

Okamoto (2004) afirma que o uso de honoríficos não pode ser previsto apenas com base nas características contextuais, porque os falantes individuais são agentes sociais com atitudes e ideologias diferentes que interpretam e usam os honoríficos de forma diferente. No entanto, a

análise dos enunciados dentro do contexto ajuda a desenvolver um modelo teórico.
Se a avaliação da adequação for feita a nível local (Locher, 2006), então as regras de adequação em cada interação devem ser interpretadas de forma diferente, o que, por sua vez, bloqueia o desenvolvimento de uma grande teoria. Terkourafi (2005a), no entanto, considera uma relação dialética entre o contexto e as normas sociais, indo além da análise de nível micro e identificando formas emergentes sócio-históricas de aplicar certas ferramentas linguísticas e as formas como essas ferramentas são usadas no devido tempo e lugar. Christie (2007) adopta uma visão mais sofisticada do contexto, definindo-o como uma construção psicológica constituída por um conjunto de pressupostos mútuos considerados relevantes no processo de produção e interpretação de enunciados pelos interlocutores. Esta visão do contexto implica que os factores externos não são externos mas fazem parte de uma interação, caso sejam mutuamente manifestos para ambos os interlocutores. Os teóricos discursivos partem do princípio de que a polidez e a falta de polidez não são alcançadas em enunciados individuais, mas sim através de longos períodos de conversa ao nível do discurso. Este ponto de vista implica um enfoque na interação e nas práticas retóricas (Geyer, 2008), bem como no lead-in/onset e no tipo de respostas dadas por outros interlocutores (Bousfield, 2008), em vez de elementos explícitos no âmbito de "uma abordagem centrada no orador ato a ato" (Geyer, 2008, p. 6).

2.5.3. Julgamentos de (im)polidez dos participantes

A análise da polidez e da indelicadeza no âmbito de uma abordagem discursiva depende muito das "percepções e julgamentos dos interactantes sobre o seu próprio comportamento verbal e o dos outros" (Locher & Watts, 2005, p. 10). Os julgamentos não são feitos com base em enunciados, mas sim com base em respostas afectivas aos indivíduos. Assim, de acordo com Geyer (2008, p. 1): no centro dos actos discursivos de polidez estão avaliações relativas não só à adequação, mas também à 'face' dos participantes - a sua autoimagem interaccional determinada em relação aos outros no discurso, intimamente relacionada com a sua identidade discursiva.
Obviamente, tomar conhecimento dos juízos de valor é uma parte inseparável da análise da polidez e da indelicadeza, mas obter acesso aos juízos de valor dos participantes não é tarefa fácil (Geyer, 2008). Para os teóricos do discurso, a polidez e a indelicadeza referem-se a um conjunto de associações frequentes entre um conjunto de itens linguísticos e os juízos dos interactantes sobre o que é educado ou indelicado. Geyer (2008) afirma que a polidez serve como um recurso com base no qual os interactantes constroem um sentido de identidade. A autora defende que, embora as teorias anteriores da polidez assumissem que a identidade de uma pessoa se manifestava através da utilização de formas linguísticas específicas, esta está relacionada com "a atribuição discursiva dos interactantes a uma categoria de filiação" (Geyer, 2008, p. 49).

2.6. Moralidade

"Ser moral" sugere geralmente uma decisão subjectiva entre o que é certo e o que é errado. Ou seja, implica uma capacidade assumida e abstrata de tomar uma posição sobre um conjunto de "valores, virtudes, normas, práticas, identidades, instituições, tecnologias e mecanismos psicológicos evoluídos inter-relacionados que trabalham em conjunto para suprimir ou regular o egoísmo e tornar a vida social possível" que, em conjunto, constituem o universo moral de um indivíduo (Haidt & Kesebir 2010, p. 800). O lado "proto-moral" das interacções sociais implica a capacidade de tomar decisões morais em interação (Bergmann, 1998, p. 284). Como diz Bergmann (1998), os indivíduos, enquanto actores competentes, são capazes de tomar decisões entre cursos de ação alternativos. Através daquilo a que se chama o princípio da reciprocidade de perspectivas, os indivíduos atribuem aos outros as mesmas capacidades e competências que atribuem a si próprios. Esta liberdade de escolha implica um sentido de responsabilidade. Ou seja, os indivíduos tornam-se responsáveis pelas suas acções se lhes for oferecida a liberdade de escolha. Esta atribuição recíproca de responsabilidade pelos cursos de ação constitui o nível pró-moral de todas as interacções. Enquanto competência social, a moralidade é desenvolvida através da socialização (Bhatia 2010; Santrock, 2012). Numa perspetiva interaccionista social, a moralidade engloba dois aspectos inter-relacionados; primeiro, em qualquer unidade social, espera-se que qualquer membro responsável seja moral (Bergmann 1998; Miller 1994) e, segundo, no caso de surgirem conflitos interpessoais ou sociais (Vaske et al. 1995), as reacções de "instinto" dos indivíduos condenam o outro como sendo inadequado para tomar decisões morais (Haidt, 2012). Ou seja, quando surge um conflito, as reflexões morais fazem com que os interagentes se distingam dos outros (Haidt, 2012).

A moralidade é uma capacidade de decisão abstrata que se projecta nas normas morais e noutros princípios e ideologias sociais inter-relacionados. Ou seja, quando a moralidade se manifesta na interação social, os interlocutores envolvem-se em normas e ideologias vinculativas. Na metapragmática, os apelos morais manifestam-se através de uma grande variedade de meios, incluindo explosões paralinguísticas, interrupções e moralização explícita. Embora estes apelos morais possam ser ad hoc, por defeito são informados por esquemas metapragmáticos/retóricos dentro de uma língua-cultura específica (White, 2010). Ou seja, a moralidade é uma projeção normativa e tem a sua quota-parte para moldar o comportamento interpessoal. Em todo o caso, a moralidade, os sentimentos morais e as (meta)argumentações que se seguem estão intimamente ligados ao conflito.

2.7. A ordem moral

O conceito de ordem moral tem recebido pouca atenção na pragmática linguística, no sentido em que a sua relação com a moralidade tem sido relativamente inexplorada (Horgan, 2019). A ordem moral engloba um conjunto de direitos e obrigações e os respetivos esquemas interacionais (Douglas, 1999) que desencadeiam reflexões morais. Além disso, o facto de a ordem moral ser uma ordem implica que os grupos sociais e os indivíduos formem as suas expectativas sobre estilos e estruturas ordenadas de interações. As percepções individuais de ordem são criadas em "situações padrão" com direitos e obrigações definidos, bem como em contextos interpessoais e cenas familiares de actividades quotidianas.

Embora, por defeito, uma ordem moral defina as interacções interpessoais, esta "ordem" é uma construção social e torna-se maleável mesmo em cenas familiares. Ou seja, percepções contraditórias da ordem moral definem a adequação. É por isso que os utilizadores da língua participam em debates sobre o que consideram ser comportamentos contextualmente adequados.

A ordem moral evoca um conjunto agregado de direitos e obrigações cuja violação desencadeia ameaças à face (Goffman, 1981). Ou seja, a perceção da transgressão moral gera reacções morais. O termo perceção dá crédito à ideia de que a ordem moral é interaccional e perceptiva, em vez de ser escrita, exceto em "situações padrão" com direitos e obrigações definidos (Kádár & House, a publicar). Por conseguinte, por um lado, existem normas morais interiorizadas ou competências morais e, por outro lado, existem ordens morais definidas em contextos interaccionais específicos.

A ordem moral forma as expectativas individuais e grupais relativamente à ordem das interacções e, por conseguinte, faz parte da competência social de cada um. Neste sentido, o conceito de "proto-moralidade" (Bergmann, 1998, p. 284) está por detrás das interacções normais e das situações padrão. No entanto, a ordem moral é constantemente recriada nas interações sociais (Horgan, 2019). O conflito é um fenómeno fundamental que interliga a moralidade e a ordem moral. É geralmente o conflito que cria o que Bergmann (1998, p. 288) descreve como "compromisso moral", que "é em grande medida auto-reflexivo: ... a moralização sobre alguma questão leva facilmente a acusações e outras formas de (contra-)moralização". O conflito pode emergir - e manter-se dentro - dos limites de cenas familiares e situações padrão: digamos, numa reunião no local de trabalho, os membros da equipa podem ter um desacordo, mas este conflito não se transforma necessariamente num confronto e numa moralização explícita.

A moralidade e a ordem moral estão interligadas através do fenómeno do conflito. O conflito gera "empenhamento moral", que é a moralização de uma questão preocupante que dá origem a "acusações e outras formas de (contra-)moralização" (Bergmann, 1998, p. 288). O conflito pode residir em cenas familiares quotidianas manifestadas sob a forma de um desacordo, mas ainda longe de um confronto e de uma moralização explícita. No entanto, a situação muda quando o conflito ocorre na dinâmica de uma interação que contradiz a "ordem" (Grimshaw, 1990). O artigo centra-se neste último tipo de conflito, que está normativamente carregado para estudar a moralidade. Kádár, Parvaresh e Ning (2019) recapitulam a natureza interaccional social da ordem moral e da moralidade através da figura seguinte:

Figura 2.1

Conflito, moralidade e ordem moral (adotado de Kádár et al. 2019)

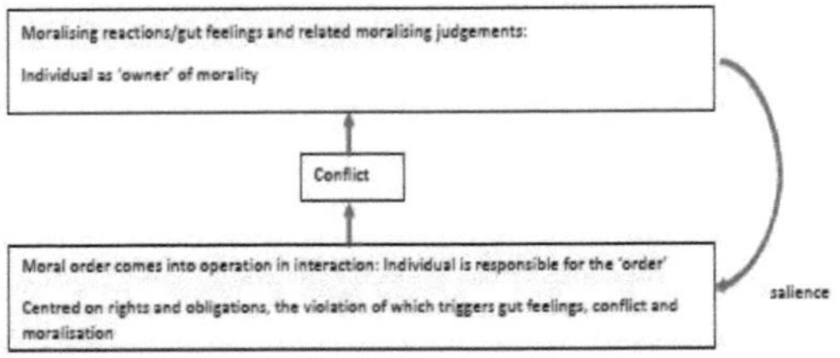

Quando o conflito surge, a natureza moralmente carregada da ordem moral torna a moralidade parte de todas as interacções (Bergmann, 1998). Como referem Kádár et al. (2019), há conflitos que desencadeiam fortes reações morais. Tal reação pode manifestar-se no envolvimento interacional com uma ordem interacional e moral conflituosa que difere significativamente (ou pode mesmo contradizer) a dinâmica da ordem moral em cenas familiares/ordenadas... As violações da ordem moral interacional, que são percebidas negativamente (por exemplo, causar danos aos outros) podem desencadear conflitos e avaliações morais subsequentes (p.10). Para ilustrar o ponto, Kádár et al. (2019) mencionam dois exemplos. O primeiro exemplo, adotado a partir de "um corpus de humilhação pública comunal ritual chinesa", ilustra um cenário em que uma esposa traída apenas entra no registo de vídeo e pupula o sexo extraconjugal do seu marido. O conflito moralmente carregado é informado por uma transgressão moral seguida de uma reação moralizante. Ou seja, o caso extraconjugal invade a harmonia da família (um conflito), desencadeando uma reação. No entanto, na comunidade chinesa, este comportamento punitivo não é considerado uma supremacia moral, uma vez que dá origem a uma ordem moral situada. Em outras palavras, um conflito moral inicial desencadeia uma reação moral que é seguida por uma ordem moral situada; "conflito→reações morais→ordem moral" (Kádár et al. 2019, p. 6).Por meio de um segundo exemplo, eles mostram que, sempre que a ordem moral é violada, surge o conflito; "ordem moral→conflito→moralidade" (Kádár et al. 2019, p. 7). O cenário apresenta uma situação em que o chefe toma a decisão de dispensar um funcionário que está a transmitir secretamente uma reunião privada pela televisão. O patrão, apercebendo-se do truque, pede-lhe para pousar a câmara e, abruptamente, pede-lhe para sair da sala. Por conseguinte, o facto de o trabalhador ter violado a sua obrigação de manter a conversa privada é um exemplo óbvio de violação da ordem moral, seguido de uma reação instintiva por parte do patrão para o despedir. Nessa altura, o patrão, empenhado numa metareflexão sobre o conflito, justifica a sua decisão "através de uma lente moral", anunciando que se tratava da expulsão de alguém que tinha cometido um ato imoral.

2.7.1. Agressão linguística, moral e ordem moral

Embora conflito e agressão estejam fortemente associados, eles não se referem necessariamente ao mesmo conceito e podem ser distinguidos um do outro em discussões relacionadas à moralidade e à ordem moral (Bou-Franch & Garcés Conejos-Blitvich, 2014). No contexto do discurso político, por exemplo, embora existam conflitos morais genuínos, a agressão permanece bastante simbólica (Bull, 2019) e pode se manifestar em cenários onde os direitos institucionais não são observados pelos atores políticos. Ou seja, ocorre apenas quando um ator político viola os direitos ao atacar fisicamente outros políticos ou ao agarrar a "maça" cerimonial (um símbolo de autoridade) no Parlamento britânico (Kádár et al. 2019). No domínio da moralidade, a agressão é condenada (Rai & Fiske 2011) e a sua evitação faz parte da socialização (Bandura, 1978). Por outras palavras, a moralidade é percebida como uma capacidade; portanto, os comportamentos agressivos injustificados são moralmente condenados. Estes comportamentos agressivos sancionados englobam incivilidades quotidianas, bem como formas de agressão antissocial (Horgan 2019; Sutton et al. 1999). No entanto, na medida em que a agressão é percebida como uma forma de restauração comunitária, não é considerada antissocial nem imoral (Kádár, 2017; Garcés-Conejos Blitvich, 2009). Nesse caso, o comportamento do agressor é considerado ideologicamente moral e a interação representa o que se designa por "agressão moral" (Kádár et al. 2019). Como referem Kramer e Messick (1998): O termo agressão moral tem sido usado para se referir às reações negativas intensas que os indivíduos às vezes experimentam quando foram tratados de forma injusta, injusta ou indigna de confiança ... A noção de agressão moral reflete uma intuição básica sobre a fenomenologia da injustiça: As pessoas têm frequentemente uma tolerância muito limitada em relação a outras pessoas ou grupos que são considerados desonestos ou indignos de confiança, especialmente quando acreditam que elas próprias ou o grupo a que pertencem estão a ter um comportamento mais cooperativo e digno de confiança (p. 248). Esta função restaurativa é, no entanto, discutível, na medida em que o equilíbrio moral não é, muitas vezes, mais do que uma motivação moral para os indivíduos esconderem as suas intenções maliciosas (Archer, 2002; Haugh, 2018). Além destes casos restaurativos, a agressão é justificada nos casos em que é "a razão de ser de um encontro social" (Kádár et al. 2019, p.8), como o envolvimento em eventos desportivos ou outras atividades recreativas (Culpeper, 2005). A relação entre a agressão e a moralidade/ordem moral é complexa. Numa situação de incumprimento, a agressão é uma questão moral e perturba a ordem moral de uma interação. No entanto, é frequentemente racionalizada e justificada (Tsang, 2002). Ou seja, como atitude psicológica, os seres humanos tendem a justificar a agressão especialmente no caso de "ela imbuir a ordem moral de uma interação (seethe conflict→morality→moral order)". Por exemplo, as pessoas estão mais inclinadas a racionalizar as acções e práticas em que se interfere agressivamente numa cena de abuso público, em contraste com a situação em que se comete um ato de abuso. Por conseguinte, Kádár et al. (2019) apresentam uma perceção de agressão numa escala que vai de "moralmente condenada" a "moralmente justificável" (p. 8), apresentada na figura 2.2.

Figura 2.2

Ratificação social e a "moralidade" da agressão (adotado de Kádár et al. 2019)

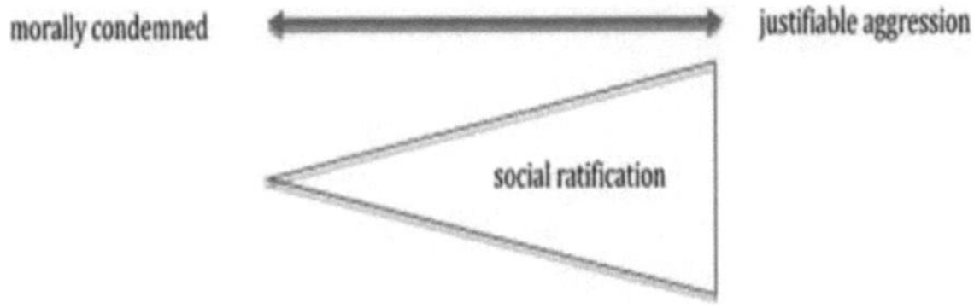

O que diferencia os dois tipos de agressão enquanto construções discursivas em cada extremo da escala é a perspetiva da comunidade relativamente à justificabilidade do ato. Ou seja, quando o comportamento agressivo é considerado moral ou, na melhor das hipóteses, justificável, ganha mais apoio comunitário. Isto também parece ser verdade mesmo no caso de contextos diádicos, em que um ato cometido parece mais justificável aos olhos das pessoas fora da díade e, por conseguinte, dá origem ao que se designa por "hostilidade razoável" (Tracy, 2008). Além disso, a ratificação social de um ato de agressão depende muito da sua inter-relação com ideologias e princípios sociais que o justificam como racional (Kádár et al. 2019).

As situações que justificam a agressão podem ir desde eventos desportivos (Sacks et al. 2003), a treinos militares (Bousfield, 2010), até ao "bullying" dentro do grupo (Kádár, 2013). Enquanto algumas destas situações apelam à agressão para regular o comportamento interpessoal, noutras situações haveria um choque de expectativas em relação "ao contexto moral da agressão e às normas, princípios e ideologias morais sociais" (Kádár et al. 2019, p.9). Allman (1995) refere-se ao papel da agressão como base da vida social. Como Allman (1995, p. 152) salienta:

Um dos principais papéis que a agressão desempenha numa sociedade é, ironicamente, o de manter a paz. A agressão ajuda a manter a complexa hierarquia que tipicamente caracteriza os grupos de primatas. Nos macacos rhesus, por exemplo, tanto os machos como as fêmeas têm a sua própria "hierarquia de dominância" separada, estando a maioria dos indivíduos diretamente acima ou abaixo de alguém na hierarquia. Embora o facto de ser dominante não garanta necessariamente direitos exclusivos à comida ou aos parceiros, estas hierarquias ditam normalmente quem, num grupo, terá o primeiro acesso a recursos essenciais. Com estas hierarquias, a questão de quem vai primeiro é resolvida de antemão, o que ajuda a reduzir ao mínimo a agressão quotidiana entre indivíduos. Estudos mostram que os encontros em que um macaco cede pacificamente a um macaco mais dominante ocorrem três vezes mais do que os incidentes que envolvem uma agressão aberta entre os dois. O que Allman (1995) tenta esclarecer é que a agressão preserva as ordens interaccionais sociais internas das sociedades. Kádár et al. (2019) aprofundam estas afirmações "tomando a agressão como um fenómeno de regulação social" (p. 9), em que um sentido de ordem moral é estabelecido através de direitos e obrigações.

Ou seja, existe um conjunto definido de direitos e obrigações no âmbito da hierarquia estabelecida. Por exemplo, o membro mais forte tem prioridade no acesso aos alimentos, mas evita ataques não provocados e oferece apoio aos membros do grupo em situações específicas. Se estes direitos e obrigações não forem respeitados, a agressão ocorre, mas apenas na medida em que a coesão da comunidade é mantida. No entanto, como estes primatas são desprovidos de princípios abstractos e de ideologias, a ordem social interaccional existente na sua comunidade não tem nada a ver com o conceito de ordem moral. Em qualquer caso, a ordem interaccional nestas comunidades é regida por um sentido de adequação que depende das suas percepções de quando a agressão é necessária. Estas percepções partilhadas sobre a forma como uma interação social se deve desenrolar reduzem o conflito a um mínimo.

Nas sociedades humanas, porém, a linguagem permite aos indivíduos contemplar e refletir sobre o conceito de ordem moral em situações específicas; por isso, a relação entre ordem moral e agressão torna-se mais sofisticada. Em primeiro lugar, a Agressão pode ser velada ou reinterpretada moralmente (Haidt, 2012). Esta moralização surge quando a agressão de alguém é considerada moralmente errada ou duvidosa (Schie & Wiegman, 2006). Por exemplo, o bullying em ambientes escolares é frequentemente reinterpretado com base no facto de a vítima ser culpada por não compreender o humor (Kádár, 2013). Em segundo lugar, a linguagem permite que os seres humanos se envolvam em meio debate sobre a agressão. Devido ao facto de diferentes contextos culturais e sociais permitirem diferentes interpretações das normas morais, a moralidade da agressão em contextos específicos torna-se passível de debate. Mesmo que as normas sejam definidas no âmbito de uma cultura específica, essas normas são evocadas em diferentes graus por diferentes grupos de indivíduos. Por conseguinte, a agressão não é necessariamente percepcionada de forma uniforme nem interpretada como uma violação da mesma norma social. Por exemplo, há debates sobre se a rudeza é necessária ou não no treino militar (Baratta, 2014). Em terceiro lugar, a linguagem permite que os indivíduos pensem em conceitos abstractos; por conseguinte, a agressão pode ser eticizada em relação ao conceito de ordem moral. Ou seja, a agressão em qualquer contexto interaccional pode ser justificada em termos das normas e princípios existentes numa comunidade. Por exemplo, em muitos desportos, ser agressivo é uma virtude cuja falta implica uma sanção. Kádár et al. (2019) apresentam a seguinte figura (figura 2.3) para ilustrar a relação entre ordem moral, moralidade e conflito.

Figura 2.3

Moralidade, Ordem Moral, Conflito e Agressão (Adotado de Kádár et al. 2019)

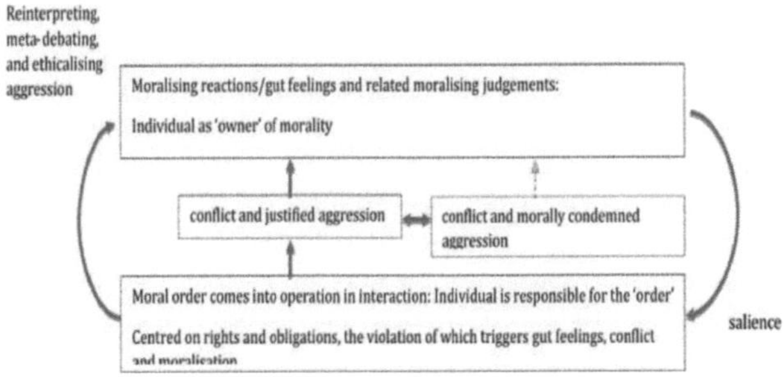

Não se trata de afirmar que a justificação faz parte da agressão. Uma pessoa agressiva pode não achar necessário racionalizar o seu comportamento agressivo, apesar do facto de, com base na investigação psicológica (Haidt, 2012), as pessoas estarem geralmente mais inclinadas a justificar moralmente os seus comportamentos agressivos. Além disso, o que é considerado moral não é um conceito universal consensual, mas faz parte das práticas interaccionais no seio de comunidades específicas.

2.7.2. Abordagens para examinar a moralidade e a ordem moral

Kádár et al. (2019) afirmam que a moralidade, a ordem moral, o conflito e a agressão podem ser examinados com foco em diferentes camadas de uso da linguagem:

- **Abordagem etnometodológica**: Sempre que a ordem moral num contexto interaccional é violada, o conflito e a agressão podem vir ao de cima. A etnometodologia é uma abordagem que fornece um quadro para estudar situações em que a interação em contextos interaccionais específicos se torna a unidade de análise.
- **Abordagens discursivas da moralidade, da ordem moral e do conflito:** Sempre que o conflito e a agressão deixam de representar uma cena familiar num contexto interaccional, "a análise do contexto, das histórias relacionais, das normas socioculturais, dos princípios e ideologias que alimentam o conflito e de outros factores mais amplos (de certo modo, extra-interaccionais)" adquire importância para uma compreensão profunda da dinâmica do acontecimento. Assim, uma abordagem baseada no discurso torna-se mais relevante.
- **Abordagens rituais interaccionais:**

Os rituais ganham importância na medida em que servem de meio para a "reprodução social da moral

ordem" (Goffman, 1963; Horgan, 2019) e manter a "identidade moral" das estruturas sociais (Bergmann 1998, p. 285). No domínio da linguagem, a agressão e o conflito podem assumir a forma de um ritual (Kádár, 2017). Ou seja, a agressão é uma parte inerente de algumas práticas rituais em vários domínios da vida, como as artes marciais ou os treinos militares.

Estes cenários, que caracterizam alguma forma de agressão convencionalizada, exigem o exame de princípios morais, normas e ideologias no que diz respeito às práticas rituais (Kádár et al. 2019).

Na pragmática linguística, o conceito de "ordem moral" foi inicialmente abordado seguindo a interpretação de Harold Garfinkel (1964; 1967) de actividades rotinizadas em cenas familiares (ver uma visão geral em Haugh, 2015). Garfinkel estava interessado na ordem moral como um fenómeno subjacente à interação normal de uma forma visível mas despercebida.

No domínio da pragmática linguística, o conceito de ordem moral foi examinado principalmente no que diz respeito a "actividades de rotina em cenas familiares" (Garfinkel, 1967; Haugh, 2015). Garfinkel (1967) interpretou a ordem moral em termos de normas que orientam a interação para além do reconhecimento. Nas experiências de violação de Garfinkel (1967), foi pedido a um participante que se comportasse de forma "desordenada" numa cena familiar. A análise dos dados revelou que estes comportamentos desordenados que violam a ordem moral geram conflitos e desencadeiam reacções agressivas. Conclui que existe um conjunto rigoroso de ordens morais mesmo para cenas familiares rotinizadas. Por exemplo, na experiência de Garfinkel (1964), uma mulher pediu ao marido mais esclarecimentos sobre alguns significados interaccionais rotineiros enquanto viam televisão (por exemplo, pedindo ao marido que descrevesse o seu tipo de cansaço ou pedindo ao marido que fosse mais específico quando critica filmes antigos). Gerou-se um conflito quando ela não respeitou as expectativas rotineiras da conversa, pedindo mais e mais explicações sobre o que era suposto saber. A etnometodologia serve para examinar os conceitos de moralidade, a ordem moral e os princípios e ideologias relacionados, tanto em cenas familiares como em cenas moralmente carregadas (por exemplo, queixas) (Drew, 1998). No entanto, nos estudos relacionados com o conflito linguístico e a agressão, a etnometodologia não oferece mais do que uma perspetiva limitada, uma vez que não se centra nos factores contextuais (Bergmann, 1998) nem na identidade facial e moral (Goffman, 1981). Por conseguinte, esta abordagem centra-se principalmente na interação, prestando pouca atenção aos contextos socioculturais em que a agressão ocorre. Nos contextos da vida quotidiana, a interação não representa cenas familiares. A interação desenrola-se no contexto de um conflito, por exemplo, quando se ultrapassam as linhas de corte de alguém e surgem discussões. Por exemplo, quando alguém critica severamente outro passageiro num autocarro por usar demasiado perfume, dizendo "Quem é que usa tanto perfume... isso é nojento, pequena prostituta, não devias usar tanto perfume" (Horgan, 2019). Tais cenas emocionalmente carregadas, com conflito e agressão como principal caraterística, não são cenas quotidianas rotinizadas e, portanto, não estão dentro do âmbito da etnometodologia. No exemplo que acabámos de mencionar, o homem transgride a norma da "desatenção civil" (ou seja, não prestar demasiada atenção aos outros em espaços com muita gente) (Braverman, 2009, p. 55) e gera um conflito ao usar linguagem ofensiva.

Uma análise baseada no conflito e na agressão abrange uma vasta gama de interacções, desde as que envolvem incivilidades até à intervenção dos espectadores (ver Kádár, 2017). O que todas estas abordagens têm em comum é um interesse dedicado ao conflito e à agressão como base de uma interação e não como seu subproduto.

Kádár et al. (2019) ilustram a questão referindo-se a um incidente em que os dois protagonistas de uma conferência académica (um jovem investigador menos realizado e um profissional idoso) estão envolvidos numa interação num táxi partilhado. O conflito surge quando o jovem investigador questiona o profissional sobre o número de línguas que este conhece. Numa ordem rotineira de uma conversa casual, espera-se que o profissional responda com modéstia sobre os seus feitos académicos. No entanto, o jovem investigador bufa, dando-lhe uma resposta explícita e recordando-lhe que é um dos quatro académicos do mundo que conhece catorze línguas diferentes, uma família linguística inteira! Neste caso, as tentativas do jovem investigador são entendidas como uma tentativa deliberada de o humilhar, desvalorizando-o como poliglota. Assim, o facto de o profissional não ser reconhecido como um especialista proeminente de uma família linguística faz com que a interação se desenrole no contexto de um conflito e não de uma ordem rotineira. Apesar de o conflito se desenrolar na interação, as ordens morais rotinizadas funcionam como factores extra-interaccionais que ajudam a justificar ou racionalizar a ofensa. Portanto, uma abordagem baseada no discurso adota uma perspetiva diferente do conflito e das questões relacionadas com a ordem moral (Kádár et al. 2019). A teoria do ritual interacional é outra abordagem relevante para a compreensão dos conceitos de conflito e agressão (Kádár, 2017). A noção de ritual abraça a ideia de "sacralidade" do eu (Goffman, 1963) e engloba práticas relativas a direitos e obrigações para manter a face. Assim, as práticas interaccionais rituais sustentam a ordem interpessoal e social nas unidades sociais (Wuthnow, 1989). Deve-se mencionar que, no contexto de conflito e agressão linguística, não se pode prescrever uma abordagem ritual em relação às noções de moralidade e ordem moral. Horgan (2019) afirma que o ritual como forma rotinizada/convencionalizada da vida social faz parte de estudos que giram em torno de violações de práticas rituais ou de estudos em que o ritual está exclusivamente inter-relacionado com a agressão em contextos em que o ritual é violado. Nos estudos relacionados com a agressão linguística, há uma série de práticas ritualísticas agressivas a considerar. Estas incluem:

a) "Uma grande variedade de práticas em que o conflito ritualístico e a agressão são normalizados, abrangendo o caso do treino militar anteriormente discutido (Bousfield, 2007; Culpeper, 1996), através de cenas de jogos de guerra comunitários em linha, até batalhas de rap,

b) Práticas contraditórias, como ritos de humilhação comunitária, casos de bullying escolar, etc." (Kádár et al. 2019).

A função da agressão e do conflito ritualizados na vida social pode ser ilustrada através de casos que representam o conflito e a agressão como actividades quotidianas quase comuns. Argumenta-se que o conflito e a agressão podem ser normalizados no caso de as pessoas os aceitarem como uma prática (Boxer et al. 2008). Kádár et al. (2019) ilustram este ponto através de um caso em que o treinador sancionou os dois praticantes de judo por se envolverem num sussurro amigável. Embora não se esperasse que os praticantes causassem lesões, deviam observar o ritual de agressão nas sessões de combate. Embora o judo seja considerado uma arte marcial suave, os combates são genuínos no sentido em que o adversário deve ser derrubado. A interrupção do treinador, autorizada devido ao seu estatuto (Goffman, 1967), foi uma objeção à violação da "agressão ritualista normalizada" (p. 16). Kádár et al. (2019) ilustram a abordagem "ritual" na tabela seguinte:

Figura 2.4

Abordagens Rituais Interaccionais à Moralidade, Ordem Moral e Conflito e Agressão na Linguagem (Adotado de Kádár et al. 2019)

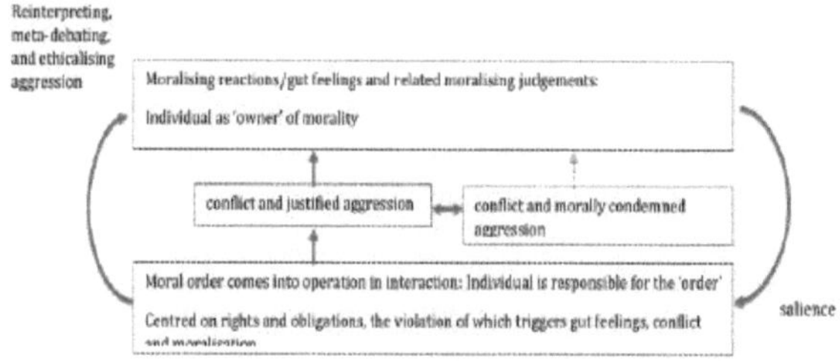

2. 8. Teoria do Fundamento Moral

A teoria dos fundamentos morais da encarnação (MFT) baseia-se em quatro afirmações psicológicas: (1) Nativismo, (2) Aprendizagem cultural, (3) Intuicionismo e (4) Pluralismo.

2.8.1. Nativismo

A MFT nega a dicotomia "explicação evolutiva e cultural do comportamento humano" e não vê uma como reducionista e a outra como construtivista (Richerson & Boyd, 2005). Para Graham et al. (2013) "Inato significa organizado antes da experiência" (p. 61). Ao contrário de alguns dos seus críticos (e.g. Suhler & Churchland, 2011), a sua definição não implica ser "hardwired ou insensível às influências ambientais" (Graham et al. 2013, p. 61). Para elucidar o ponto, eles usam a metáfora de Marcus (2004) que assimila a mente a um livro: "A natureza fornece um primeiro rascunho, que a experiência depois revê. "Incorporado" não significa imutável; significa "organizado antes da experiência"" (p. 34-40). Por outras palavras, os primeiros rascunhos que são coletivamente escritos pelos nossos genes durante a infância são revistos através da experiência ou da aprendizagem cultural durante a idade adulta. Graham et al (2013) concluem que "a moralidade é inata e altamente dependente de influências ambientais". Para testar os mecanismos de aprendizagem de objetivo geral no mundo animal, Mineka e Cook (1988) realizaram um estudo com macacos rhesus jovens para ver como o facto de estarem "organizados antes da experiência" faz com que os macacos aprendam a temer ou não cobras de plástico ou flores de plástico. Na sua experiência, os macacos jovens, sem sinais anteriores de medo de cobras, foram expostos a um vídeo em que um macaco adulto reagia com horror a uma cobra e a uma flor de plástico. Uma única exposição ao vídeo foi suficiente para gerar horror a cobras de plástico, mas não a flores de plástico. DeLoache e LoBue (2009) concluem que a evolução cria "um mecanismo de aprendizagem de objetivo geral", mas que não equivale à experiência de um macaco adulto. Graham et al (2013) defendem a existência dos mesmos mecanismos gerais de aprendizagem para o desenvolvimento moral dos seres humanos. As crianças podem aprender a ser vingativas quando são tratadas de forma injusta, mas é improvável que aprendam a amar os seus inimigos ao serem expostas a histórias em que os inimigos são amados por modelos. Ou seja, existe alguma preparação para ser vingativo, mas não para receber uma segunda bofetada na cara.

De acordo com os psicólogos evolucionistas, existem "adaptações cognitivas específicas de um domínio para responder rápida e eficazmente" (Pinker, 1997; citado em Graham et al, 2013, p. 62) que actuam como módulos que são mecanismos especializados para resolver problemas adaptativos (Barrett & Kurzban, 2006). Do mesmo modo, na cognição superior, os juízos morais não derivam de um órgão de pensamento de objetivo geral, mas de uma série de mecanismos de processamento de informação que ajudam a resolver certos tipos de problemas (Sperber, 2005).

A preferência das crianças por doces em vez de brócolos não é aprendida através da socialização e não pode ser desfeita através da educação ou de modelos. O mesmo acontece com os domínios morais; os módulos cognitivos obtêm prazer com as trocas justas e desagrado com os batoteiros (Tooby, Cosmides, & Barrett, 2005). Por outras palavras, os problemas sociais são resolvidos no âmbito de matrizes sociais que englobam significados e avaliações partilhadas pelos seres humanos enquanto criaturas culturais (Haidt, 2012). Por conseguinte, a MFT sugere que "a mente humana está organizada antes da experiência, de modo a estar preparada para aprender valores, normas e comportamentos relacionados com um conjunto diversificado de problemas sociais adaptativos recorrentes... Basta aceitar que existe um primeiro esboço da mente moral, organizado antes da experiência pelas pressões adaptativas da nossa história evolutiva única" (Graham et al, 2013, p. 63).

2.8.2. Aprendizagem cultural

Na tradição hindu, as crianças aprendem a cumprimentar fazendo uma vénia. Esta saudação respeitosa implica frequentemente que as suas cabeças toquem no chão como sinal de reconhecimento e respeito pelo destinatário da saudação. Na idade adulta, este esquema cultural leva-a automaticamente a fazer uma vénia reverencial quando se encontra com um político respeitado (ver Graham et al. 2013). Estes esquemas motores e sentimentos interiores, juntamente com o seu conhecimento factual, fazem-na mostrar deferência através de uma vénia. Este tipo de conhecimento e padrões comportamentais são adquiridos e activados com base em fundamentos morais específicos em contextos culturais particulares. Para uma rapariga americana, no entanto, não existe um esquema semelhante, uma vez que chega à idade adulta sem consciência ou instrução para respeitar tais hierarquias (Sperber, 2005). O módulo universal de autoridade/subversão é o mesmo para ambas as raparigas; no entanto, enquanto na comunidade tradicional hindu se desenvolve um conjunto de módulos de respeito pela autoridade e, por conseguinte, o primeiro esboço da mente moral é revisto, na comunidade secular americana promove-se uma espécie de valores anti-autoritários. A metáfora arquitetónica de uma "fundação" ilustra bem a questão. Pensemos num grupo de extraterrestres que, há milhares de anos, construiu 100 monumentos idênticos, com não mais de cinco plataformas de pedra sólida, em diferentes locais da Terra. Se hoje fossem recolhidas imagens através de fotografia aérea, observar-se-ia uma semelhança entre os locais, apesar de cada local ter a sua forma única devido à arquitetura e aos materiais locais. Nem todos os alicerces originais foram construídos e alguns foram deixados à degradação. Para inferir a forma das fundações originais, pode ser útil uma coleção de fotografias de vários locais. Do mesmo modo, as fundações morais são moralidades inacabadas, mas com ordens morais de base. Nalgumas sociedades, a ordem moral é desenvolvida com base em apenas algumas fundações. Noutras sociedades, é construída com base em todos os cinco. Tal como no exemplo que acabámos de citar, explorar a moral de uma cultura não fornece muita informação sobre a natureza exacta dos fundamentos. Por conseguinte, para obter uma imagem completa, é necessário recolher dados através de diferentes métodos em diferentes sociedades. Assim, o MFT é um "primeiro esboço universal da mente moral" que é moldado pelas culturas específicas (Graham et al, p. 65).

2.8.3. Intuicionismo

Haidt (2012) afirma que, tal como outros juízos avaliativos, os juízos morais ocorrem rapidamente. Esta visão dos juízos morais é extraída da "revolução do automatismo" no final dos anos 90. Assim, não há muitas escolhas deliberadas em ação, mas sim processos mentais que "operam fora do conhecimento e da orientação conscientes" (Bargh & Chartrand, 1999; Graham et al. 2013, p. 65). Não se nega o facto de as pessoas poderem, ocasionalmente, estar absortas em pensamentos conscientes, mas a questão é "se esse pensamento geralmente causa julgamentos ou se segue depois de os julgamentos já terem sido feitos" (Graham et al. 2013, p. 65). Assim, "para avaliações e julgamentos de pessoas e objectos novos, o que pensamos estar a fazer enquanto deliberamos conscientemente não tem, na realidade, qualquer efeito no resultado do julgamento, uma vez que este já foi feito através de meios relativamente imediatos e automáticos" (Bargh & Chartrand, 1999, p. 475).Haidt (2001) desenvolve o conceito de intuição moral afirmando que um sentimento avaliativo sobre o carácter ou as acções de alguém pode ser formado através da sua emergência súbita na consciência, sem procurar provas ou tirar uma conclusão. Por outras palavras, as avaliações morais são produtos automáticos que ocorrem sem grande reflexão consciente (Kahneman, 2011). Nesta perspetiva, as avaliações morais são reacções instintivas e não raciocínios baseados em princípios. Estas intuições tomam forma num contexto cultural específico e o seu resultado é modificado através de um raciocínio mais deliberado. O MFT foi postulado para estabelecer intuições morais em diferentes categorias, definir essas categorias e explicar por que razão os indivíduos mostram sensibilidade a questões como a deslealdade ou a injustiça em diferentes culturas.

2.8.4. Pluralismo

O pluralismo e o funcionalismo são ambos inspirados pelo pensamento evolutivo. "A biologia evolutiva sugere que não existe uma razão de princípio para que a parcimónia seja um critério de conceção da mente" (Cosmides & Tooby, 1994, p. 91). Os nossos desafios adaptativos são moldados pelos nossos fundamentos morais que fazem parte das nossas estruturas mentais inatas. Haidt e Kesebir (2010) propõem um modelo de cinco níveis para ter em conta o conceito de (im)moralidade: 1) o fundamento do dano/cuidado, 2) o fundamento da justiça/maldade, 3) o fundamento do grupo/lealdade, 4) o fundamento da autoridade/respeito e 5) o fundamento da pureza/santidade. Este modelo foi posteriormente desenvolvido para englobar os desencadeadores mais actuais[1] .

De acordo com Haidt (2012), os cinco fundamentos da ética intuitiva englobariam uma série de desafios adaptativos, como proteger e cuidar de crianças, colher os benefícios de parcerias bidirecionais, formar coalizões coesas, forjar relações benéficas dentro de hierarquias e evitar doenças transmissíveis. O módulo mais operacional para cada desafio seria o mais pertinente para os padrões do mundo social. Sperber (1994), no entanto, diferencia o domínio próprio do domínio real, que abrange hoje os objectos que activam um módulo. Haidt (2012) refere-se aos domínios próprio e real como gatilhos originais e gatilhos actuais.

2.8.4.1. A fundação Care/harm

Esta categoria abordava originalmente o desafio adaptativo de cuidar da descendência no seu período de vida mais vulnerável. Nos últimos tempos, este módulo foi alargado para abranger preocupações morais sobre o cuidado e o apoio a indivíduos vulneráveis (Graham, Haidt, & Nosek, 2009; Graham et al., 2011).

A maioria dos mamíferos depende dos seus cuidadores, que são sensíveis às suas necessidades e angústias, durante um tempo invulgarmente longo. Esta sensibilidade não se limita ao mundo animal nem aos próprios filhos. Desencadeia cuidados e apoio aos filhos e raiva contra os predadores (Graham et al. 2018).

Em comparação com as crias de mamíferos vulneráveis que dependem dos cuidados parentais durante um determinado período de tempo, as crianças humanas beneficiam de cuidados parentais durante um período de tempo invulgarmente prolongado. Além disso, a vida dos mamíferos revela que as fêmeas com reacções intuitivas em relação à sua prole têm uma maior consciência do sofrimento, da necessidade ou da angústia dos seus filhos e criam mais filhos até à idade adulta. No entanto, no livro da natureza humana, a maternidade não foi estruturada antecipadamente e, por conseguinte, as mães são deixadas à mercê das suas experiências, do que aprendem com a cultura e da tentativa e erro. Graham et al. (2013) referem-se a qualquer sistema funcional que facilite as percepções de sofrimento e o entusiasmo para cuidar e proteger como a base do cuidado/dano. Os sinais visuais e auditivos de angústia e sofrimento constituem os primeiros factores de desencadeamento da base de cuidados/danos. Os sentimentos de compaixão pelas vítimas são frequentemente despertados juntamente com sentimentos de raiva contra aqueles que infligem danos. Estas emoções morais são experiências sociais e não privadas. Em todas as sociedades, as pessoas envolvem-se em avaliações morais das acções de terceiros ausentes (Dunbar, 1996). O envolvimento num discurso moral ajuda as pessoas a desenvolverem termos virtuosos e a discutirem as acções dos outros como bondosas ou cruéis no âmbito de ideais culturalmente normativos. Cuidar dos vulneráveis é uma virtude muito apreciada nalgumas culturas e menos elaborada noutras (Koonz, 2003).

2.8.4.2. A base da equidade/trapaça

Este módulo foi originalmente desenvolvido com base em preocupações morais sobre "o desafio adaptativo de colher benefícios de parcerias cooperativas bidireccionais sem ser explorado e de detetar provas de batota" (Graham et al., 2011, citado em Milesi & Alberici, 2016, p. 4). Recentemente, abraça preocupações morais sobre justiça e reciprocidade.

Embora a existência de um sentido de justiça nas culturas humanas seja um dado adquirido, a sua existência entre os animais é suscetível de ser posta em causa. Nas sociedades humanas, este sentido de justiça surge por volta dos cinco anos de idade ou mesmo antes (Hamlin, Wynn, & Bloom, 2007; LoBue, et al., 2011). No decurso da interação, aqueles que são considerados batoteiros são descartados (Graham et al. 2018).

Todos os animais sociais têm oportunidades frequentes de participar em "trocas e relações de soma diferente de zero" (Graham et al. 2013, p.69). Aqueles que são mais perceptivos à batota e à cooperação e cujas emoções os compelem a jogar tit for tat (Trivers, 1971), ganham mais do que aqueles que confiam na sua inteligência geral.

O fundamento da equidade/trapaça foi originalmente desencadeado por percepções de trapaça e cooperação com parceiros de interação e, atualmente, é gerado por mexericos sobre terceiros ausentes ou interacções com objectos inanimados, como a vez em que a máquina de jogos não entrega um refrigerante. Neste contexto, os bons parceiros são conhecidos como fiáveis, justos e equitativos.

2.8.4.3. A base da lealdade/traição

Este módulo foi originalmente despoletado por preocupações com a formação de coligações coesas para ganhos intergrupais em termos de poder, posição e território. Recentemente, inclui preocupações morais sobre lealdade e auto-sacrifício para ganhos no grupo, bem como vigilância contra traidores (Graham, Haidt, & Nosek, 2009; Graham et al., 2011). Há competições por território, posição e poder entre os chimpanzés (Goodall, 1986) e coligações de chimpanzés (de Waal, 1982). Nas sociedades humanas, porém, o desenvolvimento de armas, linguagem e marcadores tribais tornou as fronteiras intergrupais mais críticas para a sobrevivência. Para aqueles que se encontravam no seio de coligações coesas, as probabilidades de ganharem as competições eram maiores. As manifestações actuais deste módulo são a paixão pelo desporto e a lealdade à marca. Se um indivíduo for considerado desleal, é excluído do grupo ou mesmo punido com a morte (por exemplo, nos EUA, a traição é punida com a morte). Em alternativa, os membros leais do grupo (por exemplo, os patriotas) são considerados virtuosos.

2.8.4.4. A fundação Autoridade/subversão

As hierarquias surgiram de formas de vida anteriores. O chimpanzé e os bonobos, entre muitos outros primatas, estão estruturados para viver em hierarquias. Estas percepções de dominância ascendente e descendente ajudam-nos a reagir em conformidade nas suas intrincadas comunicações sociais (Fiske, 1991). No entanto, nas formas de vida primitivas, os machos alfa não-humanos actuavam mais como rufias do que como líderes. O conhecimento da "psicologia da autoridade" ajuda a compreender melhor o comportamento político humano (Boehm, 1999; citado em Graham et al. 2018, p. 213). Os grupos de sucesso têm linhas de autoridade bem definidas, onde a autoridade é respeitada e valorizada (Pfeffer, 1998). Este módulo aborda originalmente preocupações morais sobre o estabelecimento e a manutenção de hierarquias nas sociedades. É desencadeado pelo desafio adaptativo de examinar sociedades estruturadas hierarquicamente, tanto para cima como para baixo. Atualmente, também considera a obediência e a deferência às autoridades e a liderança eficaz como virtude (Graham, Haidt, & Nosek, 2009; Graham et al., 2011).O fundamento autoridade/subversão e os módulos que o compõem são o que autoriza as instituições que se estabelecem com base em hierarquias, como os tribunais, as esquadras de polícia e as hierarquias dos funcionários das empresas. Estas hierarquias, no entanto, não têm o mesmo peso em diferentes sociedades ou subculturas. Por exemplo, enquanto os conservadores sociais nos EUA tratam a obediência e a deferência como virtudes, para os liberais sociais estes traços são considerados neutros (Frimer, Biesanz, Walker, & MacKinlay, 2013; Haidt & Graham, 2009).

2.8.4.5. O fundamento da santidade/degradação

Originalmente, esta categoria aborda os desafios adaptativos causados por agentes patogénicos e parasitas, entre outros contaminantes biológicos, e está relacionada com sentimentos de repugnância e sensibilidade à contaminação. Nos últimos tempos, engloba preocupações morais relacionadas com a pureza física e espiritual. Para além disso, tem também preocupações com a santidade da vida e do corpo (Graham, Haidt, & Nosek, 2009; Graham et al., 2011). Estudos realizados sobre o "sistema imunitário comportamental" têm demonstrado que as preocupações com a contaminação não são exclusivas de agentes patogénicos e parasitas, mas de práticas sociais como o medo de imigrantes ou a rejeição daqueles que não se enquadram no quadro das práticas sagradas do grupo (Schaller & Park, 2011; Graham et al. 2018, p. 213).

Por outras palavras, os nossos antepassados hominídeos corriam o risco de viver em comunidades mais densas, iniciando uma dieta mais omnívora que talvez não fosse menos perigosa do que os agentes patogénicos e os parasitas (Graham et al. 2013). Acredita-se amplamente que a emoção de nojo faz parte desse desafio adaptativo (Oaten, Stevenson, & Case, 2009). Ou seja, os indivíduos cujas mentes estavam equipadas antes da experiência para manter um "sistema imunitário comportamental" (Schaller & Park, 2011) tinham mais hipóteses de sobreviver do que aqueles que confiavam nas "propriedades sensoriais de potenciais alimentos, amigos e companheiros" (Graham et al. 2013, p. 71). A emoção de repulsa reforçou uma série de reacções morais e passou a sustentar novas situações, como a imigração e o desvio sexual (Navarrete & Fessler, 2006; Rozin et al., 2008). É por isso que, nalgumas culturas, o corpo humano é um templo a louvar pelas virtudes da temperança e da castidade.

Em geral, "a MFT é uma abordagem nativista, cultural-desenvolvimentista, intuicionista e pluralista ao estudo da moralidade" (Graham et al. 2013, p. 71). Embora Graham et al. (2013) acolham as críticas relativas à sua abordagem da moralidade, reconhecem que, em geral, a sua abordagem é justificada e coerente com muitas outras teorias no domínio, como a psicologia do desenvolvimento e a neurociência.

2.9. (Im)educação e moralidade

Arundale (2013) e Haugh (2013) defendem a importância de explorar a relação entre (im)polidez e (im)moralidade, uma vez que a (im)polidez é mais ou menos uma questão de avaliação (Eelen 2001) e estas avaliações são frequentemente carregadas de moralidade. Haugh (2013) defende que as avaliações de (im)polidez não se situam apenas nas práticas sociais, mas são uma prática social por si só.Assume-se que "as expetativas baseadas nas práticas sociais dos participantes" evocam noções de moralidade ou imoralidade que resultam nas práticas avaliativas dos participantes sem que estes tenham necessariamente consciência disso (Kádár & Marquez-Reiter, 2015). Kádár e Marquez-Reiter (2015) concordam com Haugh (2013) no que diz respeito à existência de um conjunto de expectativas situadas para as avaliações de (im)polidez; no entanto, assumem que a moralidade actua a um nível metapragmático e que as avaliações de (im)polidez não podem ser separadas de "uma compreensão folk-teórica/filosófica da moralidade" que é visivelmente expressa. Os autores baseiam-se nas percepções metacomunicativas dos participantes sobre (im)polidez e (im)moralidade para examinar instâncias de "intervenção do espetador", em que um espetador intervém para impedir um malfeitor de ter um comportamento moralmente inadequado, e reivindicam a relação entre (im)polidez e (im)moralidade a um nível metapragmático na arena interaccional.Afirma-se que a teorização das avaliações na interação requer a análise da conversa natural ou do discurso, de modo a compreender como essas avaliações são formadas na vida quotidiana (Augoustinos, Walker & Donaghue 2006; Haugh, 2013). A (im)polidez é assumida como uma "prática avaliativa" que emerge à medida que uma sequência de conversa se desenrola em contextos interaccionais particulares (Augoustinos, Walker & Donaghue, 2006, p. 145).Stevanovic e Peräkylä (2012) defendem que a ordem moral denota o que os interlocutores assumem como "obrigatório, permissível ou proibido" (p. 299) e, consequentemente, ligam "direitos e obrigações" à "ordem deôntica" (p. 298). No entanto, Haugh (2013) descreve a ordem moral como "multifacetada e multifacetada" (p. 48), que abrange um domínio muito mais vasto do que o abrangido pelo domínio deôntico. Por conseguinte, a teorização da (im)polidez como prática social não pode ser separada da ordem moral que fundamenta as nossas avaliações de "bom" ou "mau", "normal" ou "excecional", "apropriado" ou "inapropriado" e assim por diante, e, claro, como "educado", "indelicado", "demasiado educado" e assim por diante" (Samra-Fredericks, 2010; Haugh, 2013, p. 59). Em vista disso, a (im)polidez como uma ação social é "inexoravelmente moral" e pode ser interpretada em "fala-em-interação localizada" quando os indivíduos como seres sociais em ambientes sociais formam julgamentos avaliativos (Haugh, 2013, p. 59). Por conseguinte, as avaliações de (im)polidez podem ser ocasionadas por "apelos implícitos" à ordem moral em "cenas familiares de assuntos quotidianos" (Haugh, 2013, p. 62). Estes apelos implícitos à ordem moral para as avaliações de (im)polidez são considerados subjectivos, uma vez que indivíduos variantes em grupos diferentes podem interpretar a ordem moral de formas diferentes. Assim, Haugh (2013) defende que as avaliações de (im)polidez dependem da forma como os participantes se comprometem uns com os outros com a ordem moral e como se consideram moralmente responsáveis pelas consequências do que é dito ou feito no mundo real. Na opinião de Parvaresh e Tayebi (2018), as avaliações de (im)polidez com uma preocupação com a ordem moral, tal como é desencadeada nas interacções quotidianas, podem ser um ponto crítico de investigação. Mais especificamente, estavam preocupados com os comentários agressivos que visavam a página oficial do Facebook de Golshifteh Farahani, a atriz e figura pública iraniana que publicou uma fotografia sua nua. O seu estudo baseou-se no pressuposto de que a linguagem indelicada utilizada nos comentários objeto de investigação foi ocasionada por uma implicatura. Afirmaram que um conjunto de pressupostos e expectativas semelhantes, como parte da ordem moral, deu origem à utilização de linguagem agressiva entre os membros da comunidade. Com base nas suas conclusões, o uso de linguagem indelicada e agressiva pode ser atribuído ao desenvolvimento de comunidades cujos membros tinham crenças comuns e partilhavam valores sociais semelhantes.Num estudo de 2019, Parvaresh realizou um estudo para examinar a utilização crescente de linguagem indelicada na Internet. Recolhendo dados de uma série de publicações no Instagram que foram carregadas por uma série de socialites e figuras públicas, propôs a noção de uma "Perspetiva Moral Básica" de modo a esclarecer a natureza de alguma linguagem indelicada observada nas plataformas online. Segundo ele, a "Perspetiva Moral de Base" compreende as predisposições morais dos interactuantes. De acordo com as suas descobertas, mesmo na ausência de uma história relacional entre os interactantes, a "Perspetiva Moral Básica" incita os interactantes a envolverem-se numa interação que potencialmente dá origem a linguagem indelicada. Afirmou então que a Perspetiva Moral Básica dos interactantes poderia explicar a forma como estas interacções são avaliadas e respondidas.

Sinkeviciute (2018) examinou o discurso relacionado com a indelicadeza num contexto de interação multipartidária em linha, a fim de explorar a forma como a indelicadeza é expressa como uma forma de julgamento moral situado. O estudo centrou-se em comentários negativos e agressivos que visavam uma publicação pública que negava a existência da Austrália e, por conseguinte, constituía uma ameaça à identidade nacional de todos aqueles que se identificavam com o país. Foi efectuada uma análise qualitativa e foi examinado um conjunto de dados limitado a um mês após a publicação do post. Os resultados revelaram que estes comentários eram avaliações da adequação do post e tinham como objetivo reparar o erro. O estudo considerou o conceito de moralidade como as noções dos inquiridos sobre comportamentos socialmente normativos ou sobre o que consideravam certo ou errado. Por fim, os comentários foram categorizados em quatro estratégias principais de indelicadeza: (a) insultar e degradar o valor da autora, especialmente as suas capacidades mentais, (b) suspeitar que a autora consome drogas, (c) fazer ameaças de morte e discurso violento semelhante, (d) retaliar contra-atacando a nacionalidade da autora do post.

Além disso, a segunda mudança não está separada da complexa inter-relação entre a ordem moral e o discurso relacionado com a falta de educação em contextos digitais (ver Xie, 2018). Há uma série de estudos que ilustram como a identidade é construída e reconstruída através da indelicadeza. Por exemplo, num estudo realizado em 2018 na Eslovénia, Reiter e Orthaber demonstraram como a indignação moral pública expressa através de insultos, ameaças e outras formas de ataques verbais forneceu informações sobre a relatividade moral e as expectativas comportamentais conflituosas em tempos de agitação. Georgakopoulou e Vasilaki (2018) propuseram-se estudar a forma como os comentadores no Facebook e no YouTube atacam os líderes políticos através da narração da crise. Foi argumentado que a indelicadeza dirigida a figuras públicas se baseava na (re)afirmação da ordem moral em contextos políticos. Al Zidjaly (2019) propôs-se estudar a forma como a ordem moral islâmica é negociada através de um discurso orientado para a falta de cortesia no Twitter. O estudo centrou-se nas respostas que a comunidade árabe publicou em resposta a um tweet que atacava a face cultural islâmica e implicava uma mudança necessária para a prática imoral assumida. Para reparar a face colectiva danificada, os inquiridos recorreram sobretudo àquilo a que o autor chamou "indelicadeza divina" (p. 1039) para argumentar a favor ou contra a ordem moral existente. Em geral, os estudos sobre a indelicadeza revelaram como esta serve de ferramenta analítica para esclarecer a inter-relação entre a indelicadeza, por um lado, e a moralidade e a identidade de grupo, por outro (ver Xie, 2018).

2.10. Resumo do capítulo

Foram analisadas duas grandes mudanças nos estudos da indelicadeza. A primeira está relacionada com a viragem discursiva no domínio da investigação da polidez, em que os dados binários de agravar e melhorar a face foram substituídos por discursos que apresentavam comportamentos desagradáveis ou acrimónicos (Watts, 2003; Locher, 2006; Locher & Watts, 2005). O campo da pragmática interpessoal beneficiou muito com a inter-relação entre a investigação da falta de cortesia e a interação face a face (Locher & Graham, 2010). Na interação digital, a pragmática interpessoal ganha importância devido ao seu enfoque na forma como as interpretações de indelicadeza dos interactantes confirmam as suas identidades e regulam as suas escolhas interaccionais nas redes sociais (Graham & Hardaker, 2017). Assim, a indelicadeza, para além de ser uma atividade interactiva, deve ser considerada como um fenómeno interpessoal e cultural que constitui uma prática social incorporada. Esta perspetiva exige abordagens multidisciplinares (Locher, 2015), tais como as relacionadas com a construção da identidade (Garcés-Conejos Blitvich, 2018). Além disso, o segundo turno aborda uma lacuna nos estudos da indelicadeza em relação ao conceito de ordem moral. A ordem moral engloba um conjunto de valores sociais e pessoais que se encontram por detrás da interpretação que os indivíduos fazem das acções (im)educadas (Kádár, 2017). Por conseguinte, os estudos sobre a indelicadeza no âmbito desta abordagem requerem que se considere a compreensão da moralidade por parte dos interactantes, bem como o contexto e os rituais mais amplos em que estas relações interpessoais são moldadas (Kádár, 2017).

CAPÍTULO TRÊS

CONCLUSÕES, IMPLICAÇÕES E SUGESTÕES PARA INVESTIGAÇÃO FUTURA

3.1. Conclusões do estudo

Os estudos sobre (im)polidez são enriquecidos pela exploração da inter-relação entre os conceitos de ordem moral, falta de educação e conflito. Apesar do crescente interesse na investigação sobre (im)polidez e face ao boom de investigação sobre o tema da (im)polidez (ver Culpeper et al. 2017), relativamente poucos estudos foram realizados para examinar como a falta de educação ou a linguagem agressiva surgem com base na moralidade, delineada como um conjunto entrelaçado de "valores, virtudes, normas, práticas, identidades, instituições, tecnologias e mecanismos psicológicos evoluídos que trabalham em conjunto para suprimir ou regular o egoísmo" (Haidt & Kesebir 2010, p. 800). O pressuposto básico é que a moralidade exerce influência sobre as nossas acções e as formas como agimos em resposta ao que é observado ou ouvido no mundo circundante. Os indivíduos são moralizados através da socialização (McDougall, citado em Kohlberg, 2008). Portanto, a moralidade, para além de ser um conceito universal, tem as suas próprias manifestações específicas de cada cultura (Haidt, 2012).

Como Haidt (2012) salienta:

As pessoas são, antes de mais, membros de entidades maiores, como famílias, equipas, exércitos, empresas, tribos e nações. Estas entidades maiores são mais do que a soma das pessoas que as compõem; são reais, importantes e devem ser protegidas. (p. 116) As avaliações de indelicadeza de uma pessoa não estão de forma alguma separadas da sua ordem moral ou dos seus padrões implícitos de comportamento (Spencer-Oatey & Kadar, 2016). Estas expectativas são demasiado complexas e estão interligadas com outras questões sociais para serem analisadas em conjuntos de dados limitados. Para além disso, mais investigação pode aprofundar as noções de indelicadeza e imoralidade, tirando partido de várias metodologias não só no domínio da linguística, mas também da psicologia e da antropologia. A indelicadeza é informada por um conjunto de ordens morais que são socialmente e societalmente fundamentadas (Kádár & Haugh, 2013). Estas ordens morais são realizadas num contexto de normas "através das quais se afirma ser um membro da sociedade em primeiro lugar" (Haugh, 2013, p. 57) e, portanto, tem o direito de reagir. Estas normas englobam um conjunto de expectativas partilhadas conjuntamente com outros membros de uma comunidade de prática (Kádár & Haugh, 2013).

3.2. Implicações pedagógicas

O estudo de uma língua estrangeira implica um enfoque na utilização eficaz dos recursos linguísticos para uma interação eficaz e adequada em situações comunicativas previsíveis (Mugford, 2019). No entanto, há situações erráticas e exigentes que parecem problemáticas não só para os utilizadores da língua-alvo, mas também para os falantes nativos. Trata-se de situações em que os participantes são obrigados a recorrer aos seus recursos limitados em situações comunicativas tensas para produzir respostas socialmente aceitáveis e adequadas. Por conseguinte, os aprendentes de LE e de segunda língua devem estar conscientes das circunstâncias em que se verifica uma falta de cooperação ou uma expressão de atitudes hostis por parte de outros utilizadores da língua. Esta sensação de mal-estar não pode ser simplesmente descartada como experiências subjectivas ou como uma falta de competência comunicativa. Estas situações representam desafios comunicativos da vida real que implicam perceções, avaliações e reações genuínas tanto para falantes nativos como para utilizadores de LE (Mugford, 2019).

O aprofundamento dos conceitos de indelicadeza linguística e agressão verbal exige uma abordagem baseada em dados, de modo a dar sentido às experiências e reflexões dos interlocutores (Mugford, 2019). Estes incidentes da vida real são alternativas adequadas aos Textos de Completamento do Discurso que vão no sentido das posições pré-determinadas do investigador relativamente ao conceito em estudo (Mugford, 2019).

Dado que os aprendentes de EFL estão muitas vezes sob pressão para reagir e responder em situações negativas e difíceis, em que a avaliação desempenha um papel na forma como a interação decorre, vale a pena identificar potenciais lacunas na compreensão da hostilidade e da indelicadeza. Por conseguinte, a pedagogia das línguas estrangeiras precisa de oferecer ajuda aos aprendentes que enfrentam problemas da vida real em contextos sociais que podem ser hostis ou pouco acolhedores. Assim, os aprendentes precisam de estar conscientes de situações negativas ou difíceis em que têm de demonstrar não só a sua competência e capacidade linguística (Christison & Murray, 2014), mas também a sua compreensão profunda dos momentos de avaliação nas interacções da vida real. Ou seja, os interlocutores de língua estrangeira precisam de estar equipados com os recursos pragmáticos e discursivos necessários para interagir em situações difíceis, pelo que os aprendentes de língua estrangeira devem aprender a transferir os seus recursos pragmáticos e discursivos da primeira língua para contextos da língua-alvo. Como Kasper e Rose (2001, p. 3) afirmam, Infelizmente, os aprendentes nem sempre capitalizam o conhecimento que já têm. É bem conhecido da psicologia educacional que os alunos nem sempre transferem os conhecimentos e estratégias disponíveis para novas tarefas. Isto também se aplica a alguns aspectos do conhecimento pragmático universal ou baseado na L1 dos aprendentes.

Mugford (2019) sugere a necessidade de um modelo pedagógico em que os alunos de língua estrangeira desenvolvam e expandam os seus próprios recursos, conhecimentos e estratégias para interagir em situações difíceis, tendo como caraterística a indelicadeza e a agressão verbal. Assim, os alunos devem ter a oportunidade de explorar dados reais em situações quotidianas de uso da língua.

3.3. Sugestões para investigação futura

Davis (2018) sustenta que o processo de avaliação é feito de diferentes componentes e que podem ser feitas afirmações mais fortes sobre as inferências se essa avaliação e seus efeitos ideológicos forem bem reconhecidos. Portanto, o conceito de argumentatividade pode preencher a lacuna entre os momentos avaliativos e o conceito de ordem moral (Davis, 2018; Kadar & Haugh, 2013), ou seja, "os pressupostos assumidos de comportamento 'adequado' que subjazem a qualquer reivindicação de avaliar outro" (Davis, 2018, p. 124). Fazer uma distinção entre diferentes níveis de avaliação revela-se benéfico para obter uma melhor compreensão de como o comportamento metapragmático e as diferentes ordens de (im)polidez estão relacionados. Davis (2018) argumenta que o conceito de racionalidade fornece "a ligação argumentativa entre o comportamento de classificação/avaliação e a ordem moral postulada" (p. 123).

Além disso, a novidade da noção de ordem moral no domínio da pragmática linguística e da agressividade da linguagem faz com que esta área de investigação interdisciplinar mereça ser aprofundada. Por exemplo, uma área de investigação futura que valeria a pena seria explorar a inter-relação entre a agenda moral na pragmática linguística em contextos transculturais e interculturais. Apesar do facto de as diferenças interculturais em relação às normas morais terem sido amplamente abordadas na psicologia intercultural (Spencer-Oatey & Kádár, 2016), a existência ou não de diferenças ou semelhanças morais culturalmente situadas continua a ser uma área de investigação pouco explorada. As provas podem ser fornecidas através de dados interaccionais na investigação pragmática.

Além disso, o advento do Processamento de Linguagem Natural e da Extração de Texto (ver Kao & Poteet, 2007) contribuiu para estudos sobre a utilização da linguagem em linha no que respeita ao conceito de moralidade. Além disso, Graham et al. (2009) conceberam um software denominado Moral Foundations Dictionary (MFD) para a análise de termos relacionados com virtudes e vícios no âmbito da Teoria dos Fundamentos Morais. A utilização adjacente da lista de palavras com o software Linguistic Inquiry and Word Count (ver Pennebaker et al., 2001) permitiu aos investigadores quantificar a moralidade no discurso escrito. Por conseguinte, a linguística de corpus pode beneficiar de tais ferramentas e programas informáticos.

Outra questão que vale a pena considerar seria explorar o modo como o conceito de ordem moral e a sua relação com a agressão linguística e o conflito podem responder a questões de outras disciplinas para além da pragmática linguística, como a educação. Por conseguinte, a área em estudo tem muito potencial para investigação futura.

REFERÊNCIAS

Agha, A. (2006). Language and social relations. Cambridge: Cambridge University Press.
Alderman, D. H., & Inwood, J. (2013). Nomeação de ruas e a política de pertencimento: Spatial injustices in the toponymic commemoration of Martin Luther King Jr. Social & Cultural Geography, 14(2), 211-233.
Alicke, M. D. (2000). Culpable control and the psychology of blame. Psychological Bulletin, 126 (4), 556- 574.
Al Zidjaly, N. (2019). A indelicadeza divina: Como os árabes negociam a ordem moral islâmica no Twitter. Jornal Russo de Linguística, 23(4), 1039-1064.
Aristóteles (1999/330 a.C.). Ética a Nicómaco, trans. T. Irwin. Indianapolis, IN: Hackett.
Arundale, R. B. (2010). Constituindo a face na conversação: Face, Facework and Interactional Achievement.
Journal of Pragmatics, 42 (8), 2078- 2105.
Arundale, R. B. (2006). Face as Relational and Interactional: A Communication Framework for Research on Face, Facework, and Politeness. Journal of Politeness Research, 2 (2), 193-216.
Arundale, R. B. (2013). A face como foco de pesquisa em pragmática interpessoal: Perspectivas relacionais e emic. Journal of Pragmatics, 58, 108-120.
Augoustinos, M., Walker, I., & Donaghue, N. (2006). Social Cognition. Londres: Sage.
Ayal, S. & Gino, F. (2011). Racionalidades honestas para comportamentos desonestos. In: Mikulincer, M. e Shaver, P.R., Eds., The Social Psychology of Morality: Exploring the Causes of Good and Evil, American Psychological Association, Washington DC, 149-166.
Badarneh, M. A., & Migdadi, F. (2018). Atos de posicionamento em comentários de leitores online em sites de notícias da Jordânia. Linguagem e Comunicação, 58, 93-106
Baratta, A. (2014). A indelicadeza militar como uma forma (eventualmente) não marcada: Um comentário sobre Bousfield (2007). Journal of Pragmatics, 60, 17-23.
Barrett, L. F. (2006). Valence is a basic building block of emotional life (A valência é um elemento básico da vida emocional). Journal of Research in Personality, 40, 35-55.
Bergmann, J. (1998). Introdução: A moralidade no discurso. Investigação sobre Linguagem e Interação Social,
31(3/4), 279-294.
Bhatia, S. (2010). Language socialisation and the construction of socio-moral meanings (Socialização linguística e construção de significados sócio-morais). Journal of Moral Education, 29(2), 149-166.
Bhatia, V. K., Flowerdew, J., & Jones, R. H. (2008). Advances in Discourse Studies (Avanços nos Estudos do Discurso). London: Routledge. Blitvich, P. G. (2010). A genre approach to the study of impoliteness. International Review of Pragmatics,
2 (1), 46-94.
Boehm, C. (1999). Hierarquia na floresta: The evolution of egalitarian behavior. Cambridge, MA: Harvard University Press.
Bourdieu, P. (1977). Cultural reproduction and social reproduction. Em Jerome Karabel & A.

H. Halsey (eds.), Power and ideology in education, 487-511. Oxford: Oxford University Press.
Bourdieu, P. (1985). O espaço social e a génese dos grupos. Teoria e Sociedade, 14, 723-744.
Bou-Franch, P., & Garcés-Conejos Blitvich, P. (2014). Ideologias de género identidade social processada na agressão online contra mulheres. Journal of Language Aggression and Conflict, 2(2), 226-248.
Bousfield, D. (2006). The Grand Debate: Where next for politeness research? Culture, Language and Representation, 3, 9-16.
Bousfield, D. (2007). Beginnings, middles and ends: a biopsy of the dynamics of impolite exchanges.
Journal of Pragmatics, 39, 2185-2216.
Bousfield, D. (2008). Impoliteness in Interaction. Amesterdão/Filadélfia: John Benjamins.
Bousfield, D. (2008b). A indelicadeza na luta pelo poder. Em Bousfield, Derek, e Locher, Bousfield, Derek, 2009. The diplomacies of ultimate fighting: Resurgent masculinities of global militancy. Associação de Estudos Internacionais, 50ª Convenção Anual. 1 (30), 1-18.
Bousfield, D. (2009). The diplomacies of ultimate fighting: Resurgent masculinities of global militancy.
Associação de Estudos Internacionais, 50ª Convenção Anual, 1 (30), 1-18.
Bousfield, D. (2010). Researching impoliteness and rudeness: Questões e definições. In: Interpersonal Pragmatics, Handbooks of Pragmatics. ed. por Miriam Locher, e Sage Lambert Graham, 101-
134. Berlim: Mouton de Gruyter.
Bousfield, D., & Johnson, A. (2007). Quando o respeito é indelicado. Os usos pragmáticos das estratégias de nomeação no discurso institucional de confronto. Trabalho apresentado na Conferência do IPra, Gotemburgo, 9 de julho de 2007
Boyd, R., Gintis, H., & Bowles, S. (2010). A punição coordenada de desertores sustenta a cooperação e pode proliferar quando rara. Science, 328, 617-620.
Brady, W. J., Crockett, M. J., & Van Bavel, J. J. (2020). O modelo MAD de contágio moral: o papel da motivação, atenção e design na disseminação de conteúdo moralizado online. Perspectivas em Ciências Psicológicas, 15, 978-1010.
Brown, L. (2013). Mind your own estimative business: Sarcastic honorifics use and impoliteness in Korean TV dramas. Journal of Politeness Research, 9 (2), 159-186.
Brown, P., & Levinson, S. C. (1987). Politeness: Some Universals in Language Usage. Cambridge: Cambridge University Press.
Bucholtz, M., & Hall, K. (2005). Identidade e interação: uma abordagem linguística sociocultural. Estudos do Discurso, 7, 585-614.
Bull, P. (2019). Permitam-me que responda agora, muito diretamente, à pergunta da Marie: O impacto da citação de membros do público nas perguntas do Primeiro-Ministro. Journal of Language Aggression and Conflict (edição especial atual).
Carnes, N. C., Lickel, B., & Janoff-Bulman, R. (2015). Percepções partilhadas: A moralidade está incorporada em contextos sociais. Boletim de Psicologia Social e da Personalidade, 41(3), 351-362.
Chang, W. M., & Haugh, M. (2011). Evaluations of impoliteness of an intercultural apology

(Avaliações da indelicadeza de um pedido de desculpas intercultural). Intercultural Pragmatics, 8(3), 411-442.
Christie, C. (2013). A relevância da linguagem tabu: Uma análise do valor indexical dos palavrões.
Journal of Pragmatics, 58, 152-169.
Christison, M. A., & Murray, D. E. (2014). What English language teachers need to know (O que os professores de inglês precisam de saber). Nova Iorque, NY e Londres: Routledge.
Chudek, M., & Henrich, J. (2011). Coevolução cultura-gene, psicologia normativa e o surgimento da prosocialidade humana. Tendências em Ciências Cognitivas, 15, 218-226.
Cialdini, R. B. (2012). A teoria do foco da conduta normativa. Em P. A. M. Van Lange, A. W. Kruglanski, & E. T. Higgins (Eds.), Handbook of theories of social psychology (pp. 295-312). Sage Publications Ltd. https://doi.org/10.4135/9781446249222.n41
Culpeper, J. (1996). Towards an anatomy of impoliteness. Journal of Pragmatics, 25(3), 349-367.
Culpeper, J. (2005). Indelicadeza e entretenimento no quiz show televisivo: The Weakest Link. Journal of Politeness Research, 1(1), 35-72.
Culpeper, J. (2010). Impoliteness. Using Language to Cause Offence. Cambridge University Press, Cambridge.
Culpeper, J. (2010). Conventionalized Impoliteness Formulae. Journal of Pragmatics, 42(12). 3232-3245. Culpeper, J. (2011a). Impoliteness: Using language to cause offence. Cambridge: Universidade de Cambridge
Imprensa.
Culpeper, J., Bousfield, D., Wichmann, A. (2003). A indelicadeza revisitada: Com especial referência aos aspectos dinâmicos e prosódicos. Journal of Pragmatics, 35(10/11), 1545-1579.
Culpeper, J., Haugh, M., & Kádár, D. Z. (2017). The Palgrave Handbook of Linguistic (Im)Politeness.
Palgrave Macmillan.
Culpeper, J. (2011a). Impoliteness: Using language to cause offence. Cambridge: Cambridge University Press.
Culpeper, J. (2011b). Não é o que disseste; é como o disseste! Prosódia e indelicadeza. Em Discursive Approaches to Politeness. Linguistic Politeness Research Group (eds.), 57-83. Berlim: De Gruyter Mouton.
Cushman, F. A. (2008). Crime and punishment: distinguishing the roles of causal and intentional analyses in moral judgment. Cognition, 108 (2), 353-380.
Davis, J. E. (2008). Moral order. Cultura, 2 (1), 17.
Davies, B., & Harré, R. (1990). Positioning: the discursive production of selves. Journal for the Theory of Social Behavior, 20, 43-63.
Davis, D. E., Rice, K., Van Tongeren, D. R., Hook, J. N., DeBlaere, C., Worthington, E. L., Jr., & Choe, E., (2016). A hipótese dos fundamentos morais não se replica bem em amostras negras. Journal of Personality and Social Psychology, 110(4), 23-30.
Davis, D. E., Dooley, M. T., Hook, J. N., Choe, E., & McElroy, S. E. (2017). A subescala de pureza / santidade do Questionário de Fundamentos Morais não funciona de forma semelhante para indivíduos religiosos e não religiosos. Psicologia da Religião e

Espiritualidade, 9 (1), 124-130. https://doi.org/10.1037/rel0000057
Davies, B. L. (2018). Avaliando avaliações: What different types of metapragmatic behaviour can tell us about participants' understandings of the moral order, Journal of Politeness Research, 14(1), 121- 151.
Davies, B. L., Haugh, M., & Merrison, A. J. (2011). Situated politeness. Londres, Reino Unido: Continuum Books.
Deaux, K. & Lewis, L. L. (1984). Estrutura dos Estereótipos de Género: Interrelationships among components and gender label. Journal of Personality and Social Psychology, 46 (5), 991-1004.
Dunbar, R. (1996). Grooming, gossip, and the evolution of language. Cambridge, MA: Harvard University Press.
Dungan, J. A. Chakroff, A. & Young, L. (2017). A relevância das normas morais em contextos relacionais distintos: As normas de pureza versus dano regulam as ações autodirigidas. PLoS ONE, 12(3), 0173405.
Eisenberg, N. (2000). Emotion, regulation, and moral development (Emoção, regulação e desenvolvimento moral). Annual Review of Psychology, 51, 665- 697.
Eelen, G. (2001). A critique of politeness theories (Uma crítica das teorias da polidez). Manchester: St. Jerome Publishing.
Eisenberg, N., Spinrad, T. L., & Sadovsky, A. (2006). Empathy-related responding in children. Em M. Killen & J. G. Smetana (Eds.), Handbook of moral development (pp. 517-549). Lawrence Erlbaum Associates Publishers.
Foucault, M. (1972). The archaeology of knowledge. Londres: Tavistock. Freud, S. (1923/1960). O Ego e o Id. Nova Iorque, NY: Norton.
Frimer, J. A., Biesanz, J. C., Walker, L. J., & MacKinlay, C. W. (2013). Liberais e conservadores confiam em fundamentos morais comuns ao fazer julgamentos morais sobre pessoas influentes. Journal of Personality and Social Psychology, 104(6), 1040-1059.
Garfinkel, H. (1964). Estudos sobre os fundamentos da rotina das actividades quotidianas. Social Problems, 11 (3), 225- 250.
Garfinkel, H. (1967). Studies in ethnomethodology. Englewood. Cliffs, NJ: Prentice-Hall.
Georgakopoulou, A., & Vasilaki, M. (2018). Pequenas histórias e indelicadeza em discussões online sobre o
A crise grega. Internet Pragmatics, 1(2), 215-240.
Giner-Sorolla, R., & Russell, P. S. (2009). Anger, disgust and sexual crimes. Em M. Horvath & J. Brown (Eds.), Rape: Challenging contemporary thinking (pp. 46-73). Willan Publishing.
Goffman, E. (1967). Interaction ritual: essays on face-to-face interaction. Nova Iorque: Anchor Books.
Graham, J., & Haidt, J. (2010). Para além das crenças: As religiões unem os indivíduos em comunidades morais. Personality and Social Psychology Review, 14(1), 140-150.
Graham, J., Nosek, B. A., Haidt, J., Iyer, R., Koleva, S., & Ditto, P. H. (2011). Mapping the moral domain (Mapeamento do domínio moral). Journal of Personality and Social Psychology, 101(2), 366-385.
Graham, S., McKeown, D., Kiuhara, S., & Harris, K. R. (2012). A meta-analysis of writing instruction for students in the elementary grades. Journal of Educational Psychology, 104(4),

879-896.
Graham, J., & Haidt, J. (2012). Valores sagrados e adversários maus: Uma abordagem de fundamentos morais. Em M. Mikulincer & P. R. Shaver (Eds.), A psicologia social da moralidade: Explorando as causas do bem e do mal (pp. 11-31). American Psychological Association.

Graham, J., Haidt, J., Koleva, S., Motyl, M., Iyer, R., Wojcik, S., & Ditto, P. (2013). Teoria dos fundamentos morais: A validade pragmática do pluralismo moral. Avanços em Psicologia Social Experimental, 47, 55-130.

Graham, J., Haidt, J., Motyl, M., Meindl, P., Iskiwitch, C., & Mooijman, M. (2018). Teoria dos fundamentos morais: Sobre as vantagens do pluralismo moral sobre o monismo moral. Em K. Gray & J. Graham (Eds.), Atlas de psicologia moral (pp. 211-222). The Guilford Press.

Graham, J., Haidt, J., & Nosek, B. A. (2009). Liberals and conservatives rely on different sets of moral foundations. Journal of Personality and Social Psychology, 96, 1029-1046.

Graham, J., Nosek, B. A., Haidt, J., Iyer, R., Koleva, S., & Ditto, P. H. (2011). Mapeamento do domínio moral.
Journal of Personality and Social Psychology, 101, 366-385.

Graham, S, L. & Hardaker, C. (2017). (Im)polidez na comunicação digital. Em Jonathon Culpeper (ed.).
The Palgrave handbook of linguistic (im)politeness, 785-814. Londres: Palgrave Macmillan.

Graham, J., Nosek, B. A., Haidt, J., Iyer, R., Koleva, S., & Ditto, P. H. (2011). Mapeamento do domínio moral.
Journal of Personality and Social Psychology, 101, 366-385.

Grainger, K. (2013). De bebés e água do banho: Haverá lugar para Austin e Grice na pragmática interpessoal? Journal of Pragmatics, 58(1), 27-38.

Grainger, K. (2011b). Polidez de "primeira ordem" e de "segunda ordem": Institutional and Intercultural Contexts. Em Discursive Approaches to Politeness, Linguistic Politeness Research Group (eds.), 167-88. Berlim: De Gruyter Mouton.

Grainger, K. (2013). De bebé e água de banho: Is There any Place for Austin and Grice in Interpersonal Pragmatics? Journal of Pragmatics, 58, 27-38.

Grainger, K., Kerkam, Z., Mansour, F., & Mills, S. (2015). Oferta e hospitalidade em árabe e inglês.
Journal of Politeness Research, 11 (1), 41-70.

Guglielmo, S. (2015). Julgamento moral como processamento de informações: uma revisão integrativa. Frontiers in Psychology, 6, 1637.

Guglielmo, S., Monroe, A. E., & Malle, B. F. (2009). No coração da moralidade está a psicologia popular. Inquiry, 52, 449-466.

Haidt, J. (2001). The emotional dog and its rational tail: a social intuitionist approach to moral judgment. Psychological Review, 108, 814-834.

Haidt, J. (2003). The moral emotions. Em R. J. Davidson, K. R. Scherer, & H. H. Goldsmith (Eds.), Handbook of affective sciences (pp. 852-870). Oxford University Press.

Haidt, J. (2008). Morality. Perspectives on Psychological Science, 3(1), 65-72.

Haidt, J. (2012). The Righteous Mind: Por que as pessoas boas são divididas pela política e pela religião. New York: Pantheon.

Haidt, J., & Graham, J. (2007). Quando a moralidade se opõe à justiça: Os conservadores têm intuições morais que os liberais podem não reconhecer. Social Justice Research, 20, 98-116.
Haidt, J., & Kesebir, S. (2010). Morality. Em S. Fiske & D. Gilbert (Eds.), Handbook of social psychology
(5ª ed., pp. 797-832). Hoboken, NJ: John Wiley.
Haidt, J. (2012). The Righteous Mind: Por que as pessoas boas são divididas pela política e pela religião. New York: Vintage.
Haidt, J., & Craig, J. (2004). Intuitive Ethics: How Innately Prepared Intuitions Generate Culturally Variable Virtues (Como Intuições Inatamente Preparadas Geram Virtudes Culturalmente Variáveis). Daedalus, 133(4), 55-66.
Haidt, J., Graham, J., & Joseph, C. (2009). Acima e abaixo do centro-direita: Narrativas ideológicas e fundamentos morais. Psychological Inquiry, 20, 110-119.
Haidt, J., & Kesebir, S. (2010). Morality". In Handbook of Social Psychology (5th ed.), ed. por Susan Fiske, Daniel Gilbert, e Gardner Lindzey, pp. 797-832. Hoboken, NJ: Wiley.
Haidt, J. & Kesebir, S. (2010). Morality. In: Fiske, S., Gilbert, D., Lindzey, G. (Eds.), Handbook of Social Psychology. John Wiley, Hoboken, NJ, pp. 797-852.
Hamlin, K., Wynn, K., & Bloom, P. (2007). Social evaluation by preverbal infants (Avaliação social por bebés pré-verbais). Nature, 450, 557-559.
Haugh, M. (2010a). When is an email really offensive?: Argumententivity and variability in evaluations of impoliteness. Journal of Politeness Research, 6(1), 7-31.
Haugh, M. (2012b). Interação conversacional. Em Keith Allan & Kasia M. Jaszczolt (eds.), The Cambridge handbook of pragmatics, 251-274. Cambridge: Cambridge University Press.
Haugh, M. (2013). (Im)polidez, prática social e a ordem de participação. Journal of Pragmatics, 58(1), 52-72.
Haugh, M. (2015). Implicaturas de Im/politeness. Berlin: Mouton de Gruyter.
Haugh, M. (2018). Ofensa, denúncia pública e a indefinição da vida pública e privada. Palestra principal apresentada no 1º Simpósio Internacional de Pragmática da Internet, Fuzhou, China, setembro de 2018.
Haugh, M., Kádár, D. Z., & Mills, S. (2013). Interpersonal pragmatics: Issues and debates. Journal of Pragmatics, 58, 1-11
Henrich, J., McElreath, R., Barr, A., Ensminger, J., Barrett, C., Bolyanatz, A., et al. (2006). Costly punishment across human societies (Punição dispendiosa nas sociedades humanas). Science 312, 1767-1770.
Horgan, M. (2019). A incivilidade quotidiana e a ordem de interação urbana: Teorizando affordances morais na interação ritualizada. Jornal de Agressão e Conflito de Linguagem (presente Edição Especial).
Jones, T. S. (2001). A comunicação emocional no conflito: essência e impacto. In: Eadie, W.F., Nelson,
P.E. (Eds.), The Language of Conflict and Resolution. Sage, Thousand Oaks, pp. 81-104.
Joyce, R. (2006). The evolution of morality. Cambridge: MIT Press.
Kádár, D. Z. (2013). Ritual e comunicação dentro do grupo: Ritual Interaction in Groups. Basingstoke: Palgrave Macmillan.
Kádár, D. Z. (2017). Polidez, indelicadeza e ritual: mantendo a ordem moral na interação

interpessoal. Cambridge: Cambridge University Press.
Kádár, D. Z., Haugh, M. (2013). Understanding Politeness (Compreender a polidez). Cambridge: Cambridge University Press.
Kádár, D. Z., & House, J. A publicar. Formas linguísticas, situações-padrão e quadros rituais: Um quadro pragmático contrastivo.
Kádár, D. Z., Haugh, M. & Chang, W. L. M (2013). Aggression and perceived national face threats in Mainland Chinese and Taiwanese CMC discussion boards, Multilingua-Journal of Cross-Cultural and Interlanguage Communication, 32 (3), 343-372.
Kádár, D. Z., Parvaresh, V. Ning, P. (2019). Moralidade, ordem moral e conflito e agressão linguística.
Journal of Language Aggression and Conflict, 7 (1), 6-31.
Kadar, D. Z. & Marquez-Reiter, R. (2015). (Im)polidez e (im)moralidade: Insights from intervention.
Journal of Politeness Research: language, behavior, culture, 11(2), 239-260.
Kao, A., & Poteet, S. R. (2007). Natural Language Processing and Text Mining. Berlim: Springer Science & Business Media.
Kasper, G. (1990). Linguistic Politeness Current Research Issues. Journal of Pragmatics, 14, 193-218. Kasper, G., & Rose, K. R. (2001). Pragmática no ensino de línguas. Em K. R. Rose & G. Kasper (Eds.),
Pragmatics in language teaching (pp. 1-10). Cambridge: Cambridge University Press.
Knobe, J. (2010). Pessoa como cientista, pessoa como moralista. Ciências do Comportamento e do Cérebro, 33, 315-329. Kohlberg, L. (1984). Essays in Moral Development [Ensaios sobre o desenvolvimento moral]. Nova Iorque: Harper and Row
Kohlberg, L. Levine; Ch. Hewer, A. (1983). Moral stages: a current formulation and a response to critics (Estádios morais: uma formulação atual e uma resposta aos críticos). Basileia, NY: Karger.
Kurzban, R. (2012). Porque é que toda a gente (Mais) é hipócrita: Evolution and the modular mind. Princeton, NJ: Princeton University Press.
Ladegaard, H. J. (2011). Estereótipos e realização discursiva da diferenciação intergrupal: falando
sobre 'o outro' numa organização empresarial global. Pragmática, 21(1), 85-109.
Leech, G. (1983). Principles of Pragmatics. London: Longman.
LoBue, V., Chiong, C., Nishida, T., DeLoache, J., & Haidt, J. (2011). Quando receber algo bom é mau: Até as crianças de 3 anos reagem à desigualdade. Social Development, 2011, 154-170.
Locher, M. (2006). Comportamento educado no trabalho relacional: The Discursive Approach to Politeness.
Multilingua, 25 (3), 249-267.
Locher, M. A. (2010). Introdução: polidez e falta de polidez na comunicação mediada por computador.
Journal of Politeness Research, 6, 1-5.
Locher, M.A. & Bousfield, D. (2008). Introduction: Impoliteness and power in language. Em Derek Bousfield e Miriam A. Locher (Eds.), Impoliteness in language: Studies on its interplay

with power in theory and practice (Language, Power and Social Process 21), 1-13. Berlim: Mouton de Gruyter.
Locher, M. & Watts, R. (2005). Politeness Theory and Rational Work. Journal of Politeness Research. 1 (1), 9-33.
Locher, M. A. (2015). A pragmática interpessoal e a sua ligação à investigação da (im)polidez. Journal of Pragmatics, 86, 5-10.
Locher, M. A., & Graham, S. L. (2010). Introdução à pragmática interpessoal. Em Miriam A. Locher e Sage L. Graham, Interpersonal pragmatics, 1-13. Berlim: Mouton de Gruyter.
Locher, M. A., & Watts, R. J. (2005). Politeness theory and relational work. Journal of Politeness Research,
1, 92-33.
Malle, B. F., Guglielmo, S., & Monroe, A. E. (2014). Uma teoria da culpa. Psychological Inquiry, 25(2), 147-186.
Márquez-Reiter, R., & Haugh, M. (2018). "Denúncia, culpa e a virada moral na vida pública". Discurso, contexto e media.
Milesi, P. (2015). Fundamentos morais e atitudes políticas: O papel moderador da sofisticação política.
Revista Internacional de Psicologia, 51, 252-260.
Milesi, P., & Alberici, A. I. (2016). Moralidade pluralista e ação colectiva: O papel dos fundamentos morais.
Group Processes & Intergroup Relations, 21(2), 1-22.
Milesi, P., Süssenbach, P., Bohner, G., Megías, J. L. (2019). A interação de mitos modernos sobre agressão sexual e fundamentos morais na culpabilização de vítimas de estupro. Jornal Europeu de Psicologia Social, 50(1), 111-123.
Milesi, P. Süssenbach, P. Bohner, G. Megías, J. L. (2020). A interação de mitos modernos sobre agressão sexual e fundamentos morais na culpabilização de vítimas de estupro. Jornal Europeu de Psicologia Social, 50(1), 111-123.
Mills, S. (2003). Gender and Politeness. Cambridge: Cambridge University Press.
Mills, S. (2011). 'Discursive Approaches to Politeness and Impoliteness'. Em Discursive Approaches to Politeness. Linguistic Politeness Research Group (eds.), 19-56. Berlim: De Gruyter Mouton.
Mills, S. & Kadar, D. Z. (2011). 'Polidez e Cultura'. Em Politeness in East Asia, D. Z. Kadar e S. Mills (eds.), 21-44. Cambridge: Cambridge University Press.
Mugford, G. (2008). Que rude! Teaching impoliteness in second language classroom. ELT journal, 62 (2), 375-379.
Mugford, G. (2019). Abordagem de situações difíceis na aprendizagem de línguas estrangeiras; Confusão, indelicadeza e hostilidade. New York: Routledge.
Parvaresh, V. (2019). Moral Impoliteness. Jornal de Agressão e Conflito de Linguagem, 7(1), 79-104. Parvaresh, V. & Tayebi, T. (2018). Impoliteness, Aggression and the Moral Order. Journal of Pragmatics,
132, 91-107.
Pennebaker, J. W., Francis, M. E., & Booth, R. J. (2001). Linguistic Inquiry and Word Count (Investigação linguística e contagem de palavras): LIWC 2001.

Mahway, NJ: Lawrence Erlbaum Associates, 71.
Pfeffer, J. (1998). A equação humana: Building profits by putting people first. Harvard Business Press. Prinz, J. J. (2007). The emotional construction of morals [A construção emocional da moral]. Oxford: Oxford University Press.
Rai, T. S., & Fiske, A. P. (2011). Psicologia moral é regulação de relacionamento: Motivos morais para unidade, hierarquia, igualdade e proporcionalidade. Psychological Review, 118 (1), 57-75.
Roccas, S., & Sagiv, L. (2010). Valores pessoais e comportamento: Levando em conta o contexto cultural. Bússola de Psicologia Social e da Personalidade, 4(1), 30-41.
Rottman, J. Kelemen, D. & Young, L. (2014). Manchando a alma: As preocupações com a pureza predizem julgamentos morais de suicídio. Cognição, 130 (2), 217-226
Rozin, P., Haidt, J. & McCauley, C. R. (2008). Disgust In: Lewis, M., Haviland-Jones, J. M. e Barrett,
L. F. eds. Handbook of emotions. Nova Iorque, NY: Guilford Press, 3rd pp. 757-776.
Rozin, P., Lowery, L., Imada, S., & Haidt, J. (1999). A hipótese da tríade CAD: Um mapeamento entre três emoções morais (desprezo, raiva, nojo) e três códigos morais (comunidade, autonomia, divindade). Journal of Personality and Social Psychology, 6(4), 574-86.
Russell, P. S., & Giner-Sorolla, R. (2011). A raiva moral é mais flexível do que o nojo moral. Social Psychological and Personality Science, 2(4), 360-364.
Santrock, J. W. (2012). A Topical Approach top Life-Span Development (Uma abordagem tópica do desenvolvimento ao longo da vida). New York: McGraw Hill.
Saucier, G. (2018). Cultura, moralidade e diferenças individuais: comparabilidade e incomparabilidade entre espécies. Transacções Filosóficas da Sociedade Real B, 373, 1-9.
Schaller, M., & Park, J. H. (2011). O sistema imunitário comportamental (e porque é importante). Direcções actuais em ciências psicológicas, 20, 99-103.
Serafinelli, E. (2018). Vida digital no Instagram; Nova comunicação social da fotografia. REINO UNIDO: Emerald Publishing.
Sharifian, F. & Tayebi, T. (2017). Perceção da (im)polidez e das conceptualizações culturais subjacentes: Um estudo do persa. Pragmática e Sociedade, 8(2), 231-253.
Shaver, K. G. (1985). The Attribution of Blame: Causality, Responsibility, and Blameworthiness. Nova Iorque, NY: Springer.
Shweder, R. A., & Haidt, J. (2000). The Cultural Psychology of the Emotions: Ancient and New. Em Handbook of Emotions, ed.Michael Lewis e JeannetteHaviland, 2nd Ed. Nova Iorque: Guilford Press, 397-414.
Sinclair, N. (2012). Metaética, teleosemântica e a função dos juízos morais. Biology and Philosophy, 27(5), 639-662.
Sinkeviciute, V. (2018). 'Ya bloody drongo': indelicadeza como julgamento moral situado no Facebook.
Internet Pragmatics, 1(2), 271-302.
Skitka, L. J., Bauman, C. W., & Sargis, E. G. (2005). Moral conviction: Another contributor to attitude strength or something more? Journal of Personality and Social Psychology, 88, 895 - 917.

Skitka, L. J., & Bauman, C. W. (2008). Moral conviction and political engagement. Political Psychology, 29(1), 29-54.
Skitka, L. J. (2010). A psicologia da convicção moral. Social and Personality Psychology Compass, 4(4), 267-281.
Smith, A. D. (1991). National Identity (Identidade Nacional). Londres: Penguin.
Smith, K. B., Alford, J. R., Hibbing, J. R., Martin, N. G., & Hatemi, P. K. (2016). Ética intuitiva e orientações políticas: Testando os fundamentos morais como uma teoria da ideologia política. American Journal of Political Science, 61(2), 424-437.
Smyth, N. (2017). A função da moralidade. Estudos Filosóficos, 174(5), 1127-1144.
Spencer-Oatey, H. (2002). Gerir o rapport no diálogo: O uso de incidentes sensíveis ao rapport para explorar as preocupações motivacionais subjacentes à gestão das relações. Journal of pragmatics, 34(5), 529- 545
Spencer-Oatey, H. (2005). (Im)Polidez, Face e Percepções de Rapport: Unpackaging their Bases and Interrelationships. Journal of Politeness Research Language Behaviour Culture, 1(1), 95-119.
Spencer-Oatey, H. (2007). Theories of identity and the analysis of face. Journal of Pragmatics, 39(4), 639- 656.
Spencer-Oatey, H., & Kádár, D. Z. (2016). As bases das avaliações de (im)polidez: Culture, the moral order and the East-West debate. East Asian Pragmatics, 1(1), 73-106.
Spencer-Oatey, H. & Kádár, D. Z. (2020). Polidez intercultural: Managing Relations across Cultures.
Cambridge: Cambridge University Press.
Stevanovic, M., & Peräkylä, A. (2012). Autoridade deôntica na interação: The right to announce, propose, and decide. Investigação sobre a linguagem e a interação social, 45(3), 297-321.
Stevanovic, M., & Peräkylä, A. (2014). Três ordens na organização da ação humana: Sobre a interface entre conhecimento, poder e emoção na interação e nas relações sociais. Language in Society, 43(2), 185-207.
Terkourafi, M. (2005a). Um argumento a favor de uma abordagem da polidez baseada na moldura: evidência do uso do imperativo no grego cipriota. Em Broadening the Horizon of Linguistic Politeness, Robin Lakoff e Sachiko Ide (eds.), 99-117. Amesterdão/Filadélfia: John Benjamins.
Terkourafi, M. (2011). From Politeness1 to Politeness2: Tracking norms of im/politeness across time and space. Journal of Politeness Research, 7(2), 159-185.
Tooby, J., e Cosmides, L. (2010). "Groups in mind: the coalitional roots of war and morality", em Human Morality and Sociality: Evolutionary and Comparative Perspectives, ed. H. Høgh-Olesen (Nova Iorque, NY: Macmillan), 191-234.
Tracy, K. (2008). Hostilidade razoável: Situation-appropriate face attack. Journal of Politeness Research, 4(2), 169-191.
Tsang, J. (2002). Racionalização moral e integração de factores situacionais e processos psicológicos no comportamento imoral. Revista de Psicologia Geral, 6(1), 25-50.
Van Der Bom, I., & Mills, S. (2015). Uma abordagem discursiva para a análise de dados de polidez. Journal of Politeness Research, 11 (2), 179-206.

van Dijk, T. A. (1995). Análise crítica do discurso. The handbook of discourse analysis. Oxford: Blackwell Publishers Ltd.

Watts, R. (2003). Politeness. Cambridge: Cambridge University Press.

Watts, A. L., Bowes, S. M., Laztman, R. D., & Lilienfeld, S. O. (2017). Traços psicopáticos predizem atitudes severas em relação às vítimas de estupro. Personalidade e diferenças individuais, 106, 1-5.

White, G. M. (2010). O discurso moral e a retórica da emoção. Em Psychological Anthropology: A Reader of Self in Culture. ed. por Robert A. LeVine, 68-82. Chichester: Wiley Blackwell.

Wodak, R., de Cillia, R., Reisigl, M., Liebhart, K., Hirsch, A., Mitten, R., & Unger, J.W. (2009). The Discursive Construction of National Identity [A Construção Discursiva da Identidade Nacional]. Edimburgo: Edinburgh University Press.

Wright, J. C., Cullum, J., e Schwab, N. (2008). The cognitive and affective dimensions of moral conviction: implications for attitudinal and behavioral measures of interpersonal tolerance. Boletim de Psicologia Social e da Personalidade, 34, 1461-1476.

Xie, C. (2018). Introdução: (Im)polidez, moralidade e a internet. Internet Pragmatics, 1 (2), 205-214.

MIX
Papier aus verantwortungsvollen Quellen
Paper from responsible sources
FSC® C105338

Printed by Books on Demand GmbH, Norderstedt / Germany